军营理论热点怎么看

2022

中央军委政治工作部宣传局

解放军出版社

出版说明

本书紧跟党的理论和实践创新步伐，着眼营造迎接党的二十大的浓厚思想理论氛围，紧贴今年以来国内外形势的发展变化，重点阐释解读习近平主席关于加快国防和军队现代化的一系列重要论述和决策部署，力求用通俗的语言、鲜活的故事、朴素的道理，充分展示党的十八大以来国防和军队现代化的理论成果、实践成果、制度成果，反映人民军队加快迈向世界一流的时代要求，着力回应官兵关心关注的重大理论和现实问题，是部队和院校开展理论学习、思想政治教育的重要辅助教材。

中央军委政治工作部宣传局

2022 年 7 月

目 录

13　让强军动能燃起来

——怎么看增强军事职业吸引力和军人使命感荣誉感 / 125

矢志强军向复兴

——怎么看新时代强军事业取得的历史性成就、发生的历史性变革

　　时间是最忠实的记录者，也是最客观的见证者。十年强军兴军、十年砥砺奋进，在人民军队九十五年的光辉历程中书写了浓墨重彩、极不平凡的篇章。党的十九届六中全会通过的《中共中

央关于党的百年奋斗重大成就和历史经验的决议》，在"开创中国特色社会主义新时代"部分，全面总结了在党中央、中央军委和习主席坚强领导下国防和军队建设取得的不平凡成就，生动反映了全军官兵忠诚维护核心、矢志奋斗强军的壮阔实践。深入总结和学习宣传新时代国防和军队建设成就，就是要在回望奋斗路中汲取智慧和力量，在眺望奋进路中激发信心和决心，不断开创新时代强军事业新局面。

为什么说人民军队实现了重整行装再出发？

闽西古田，新型人民军队定型的地方。2014 年金秋时节，习主席率领军队高级干部走进古田，领导召开全军政治工作会议，研究解决新的历史条件下党从思想上政治上建设军队的重大问题，鲜明提出人民军队政治工作的时代主题，对新时代政治建军作出部署。从古田再出发，中央军委党的建设会议、中央军委基层建设会议、全军思想政治教育工作会议、中央军委人才工作会议相继召开，一系列治根本、管长远的重大举措密集推出，人民军队浴火重生，实现思想上洗

某部官兵来到古田会议会址，开展现地教育活动

礼、组织上纯洁、政治上团结。从政治上看，党的十八大以来我们的一切努力，最根本的成效是挽救和发展了我们党领导的这支具有光荣传统的人民军队。

军魂意识更加强固。2022 年北京冬奥会开幕式上，一位护旗手凝视五星红旗激动落泪，成为这场体育盛事中令人印象深刻的"中国表情"。后来，这位护旗手动情地说："我站在奥运会的升旗台，心中满满的自豪感，想到祖国如今的繁荣昌盛是多么来之不易，那是一种说不出的骄傲与热爱，泪水就夺眶而出了……"深情的表白，源于内心的真挚情感；滚烫的热泪，只因对党和国家的赤胆忠诚。党

北京冬奥会开幕式上的深情一幕

的十八大以来，全军部队坚定自觉维护核心、看齐追随，全面深入贯彻军委主席负责制，广泛开展一系列党内集中教育和主题教育，充分发挥政治工作对强军兴军的生命线作用，把理想信念、党性原则、战斗力标准、政治工作威信四个带根本性的东西立起来，听习主席指挥、对习主席负责、让习主席放心成为全军将士最响亮的誓言、最坚定的行动。

各级党组织更加坚强有力。2020 年 1 月，面对突如其来的新冠肺炎疫情，全军部队听党指挥、闻令而动。军队支援湖北医疗队第一时间成立 3 个临时党委、31 个临时基层党委、98 个临时

党支部；全军抗疫一线 2066 人向党组织提出入党申请，525 人火线入党、面对党旗庄严宣誓。一个个坚强有力的党组织，一位位冲锋在前的共产党员，以担当尽责、敢打硬仗的实际行动，让党旗在防控疫情斗争第一线高高飘扬。旗帜引领方向，组织凝聚力量。严密的党组织体系、有力的党组织领导，是我军的优势所在、力量所在。党的十八大以来，党中央、中央军委围绕全面加强我军党的领导和党的建设工作，作出一系列政治设计和制度安排，加强我军党的组织体系建设，全面提高各级党委战略谋划、真打实备、改革创新、科学管理和狠抓落实能力，全面锻造听党话跟党走、能打仗打胜仗、法纪严风气正的过硬基层，把党的政治优势和组织优势转化为制胜优势。

政治生态实现根本好转。"你不必再抱怨工作中的空转虚耗"、"你不必再为军士选拔晋升而发愁"、"你不必再为个人成长进步而焦虑"……更多的"你不必"，让军营清风拂面。这是全军部队锲而不舍抓好中央八项规定精神、军委十项规定及其实施细则精神落实，给部队风气带来的深刻变化。党的十八大以来，全军大力推进政治整训，坚决查处郭伯雄、徐才厚、房峰辉、张阳等严重违纪违法案件并彻底肃清其流毒影响，着力整顿思想、整顿用人、整顿组织、整顿纪律，高悬纪检、巡视、审计"利剑"，按照军队好干部标准选拔任用干部，纠治官兵身边的腐败和不正之风，万千营盘正气充盈，广大官兵心齐气顺、心无旁骛干事创业。

人民军队光荣传统和优良作风有力回归。中国人民革命军事博物馆"在党的旗帜下前进"主题展览现场，数十位领导干部、院校和科研机构专家、基层官兵代表依托展陈资源进行"云直

为了人民——人民军队支援地方疫情防控纪实

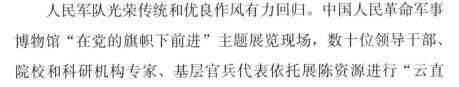

播"，许多部队官兵通过"学习强军"APP在线观看。在党史学习教育活动中，各级把学习课堂搬到革命旧址、军史场馆、战斗遗迹等场所，广泛开展"党史馆里讲党课、军史馆里话军魂"活动，引导官兵

图为基层官兵代表在中国人民革命军事博物馆现场授课场景

大力弘扬伟大建党精神，传承中国共产党人的精神谱系，自觉赓续红色血脉。党的十八大以来，全军部队坚持全面从严治党、全面从严治军，扎实推进"红色基因代代传"工程，培养"四有"新时代革命军人，锻造"四铁"过硬部队，永葆人民军队性质、宗旨、本色，官兵关系更加纯洁，军政军民关系更加团结巩固，立起了新时代人民军队的好样子。

🌱 为什么说党领导开展了新中国成立以来最为广泛、最为深刻的国防和军队改革？

一部人民军队的成长发展史，就是一部波澜壮阔的改革创新史。党的十八大以来，习主席着眼设计和塑造我军未来，大刀阔斧全面深化改革，打响领导指挥体制改革、规模结构和力量编成

改革、军事政策制度改革"三大战役",人民军队体制一新、结构一新、格局一新、面貌一新。

重构人民军队领导指挥体制。这次领导指挥体制改革,坚持军委管总、战区主战、军种主建的总原则,这是党中央、中央军委立足党情国情军情,在把握现代军队领导指挥特点和规律的基础上确定的。调整组建军委机关 15 个职能部门,成立陆军领导机构、火箭军、战略支援部队、联勤保障部队,构建起"中央军委—军种—部队"的领导管理体系。组建军委联合作战指挥中心,重新调整划设五大战区,健全战区联合作战指挥机构,构建起"中央军委—战区—部队"的作战指挥体系。调整武警部队领导指挥体制,改革预备役部队管理体制,确保党对全国武装力量的统一领导。这轮"脖子以上"改革,打破了长期实行的总部体制、大军区体制、大陆军体制,突破了军队发展的体制性障碍,实现了领导掌握部队和高效指挥部队有机统一。

2017 年 7 月 30 日,庆祝中国人民解放军建军 90 周年阅兵在朱日和联合训练基地隆重举行,展现出军队改革后的新面貌

海军陆战队蛟龙突击队队员进行直升机滑降训练，锤炼部队打赢能力

重构现代军事力量体系。"军中之军，钢中之钢，我们是祖国的热血儿郎……"海军陆战队是改革中调整组建的两栖精锐作战力量，这几年部队官兵远涉重洋比武亮剑，挺进深蓝为国护航，雪域沙漠全域练兵，不断刷新练兵备战的海拔高度、飞行高度、水下深度。衡量一支军队强不强，要看规模，更要看质量。这次规模结构和力量编成改革，按照调整优化结构、理顺重大比例关系、压减数量规模的要求，优化兵力构成，裁减军队员额30万，精简机关和非战斗机构人员；调整力量结构布局，着力压减陆军规模，优化各军兵种内部力量结构，壮大战略力量和新域新质作战力量；改革作战部队编成，主体实行"军—旅—营"体制，部队编成更加充实、合成、多能、灵活；推进我军院校、科研机构、训练机构改革，构建三位一体新型军事人才培养体系。军事力量体系的整体性革命性重塑，突破了原有的结构性矛盾，改变了长期以来陆战型、国土防御型的力量结构和兵力布势，人民军队由

数量规模型向质量效能型、人力密集型向科技密集型转变，中国特色现代军事力量体系初步构建，军队组织形态现代化迈出关键一步。

重构军事政策制度。2021年底，一部聚焦军事政策制度改革的专栏节目《改革时刻》在央视国防军事频道播出，深入阐释军事政策制度改革的重大意义、改点亮点和实践成效，引起关注和热议。作为深化国防和军队改革的"第三大战役"，军事政策制

度改革坚持以确保党对军队绝对领导为指向，以战斗力为唯一的根本的标准，以调动军事人员积极性、主动性、创造性为着力点，从指挥、建设、管理、监督4条链路上进行顶层设计，从军事实践活动各领域、各方面、各环节进行整体重塑。通过改革，构建形成维护党中央权威和集中统一领导、维护和贯彻军委主席负责制、确保党对军队绝对领导的我军党的建设制度，形成基于联合、平战一体的军事力量运用政策制度，形成聚焦打仗、激励创新的军事力量建设政策制度，形成精准高效、全面规范、刚性约束的军事管理政策制度，军队战斗力和官兵活力进一步解放，改革效能持续释放。

🌱 为什么说人民军队以顽强斗争精神和实际行动捍卫了国家主权、安全、发展利益？

2015 年 3 月 30 日，轰—6K 飞机出现在西太平洋上空，这是中国空军首次飞越巴士海峡，也是首次前出第一岛链开展远海训练；5 月 21 日，轰—6K 飞机首次飞越宫古海峡，赴西太平洋战巡；2017 年 12 月 11 日，由轰—6K 飞机、苏—30 飞机、歼—11 飞机和侦察机、预警机、加油机等多型多架飞机组成的战机编队，成体系飞越宫古海峡、巴士海峡，首次实施了"绕岛巡航"等训练课题。从单一机型到多机型，从一年几次到一月几次，中国空军远洋训练实现了常态化、体系化、实战化。战鹰奋飞的航迹不断远伸，折射出人民军队威慑和实战能力越来越强。

每一次绕岛巡航，都强一分使命担当，多一分血性胆气

加勒万河谷——喀喇昆仑山脉褶皱深处的一条细长峡谷，激流滔滔、乱石嶙峋。2020 年 6 月，面对有关外军的非法侵权挑衅行径，我边防官兵以誓死捍卫祖国领土的赤胆忠诚和一不怕苦、二不怕死的战斗精神，在高原的千里边防谱写了一曲撼天动地、荡气回肠的英雄壮歌，涌现出祁发宝、陈红军、陈祥榕、肖思远、王焯冉等先进典型。卫国戍边英雄群体英勇斗争、为国牺牲奉献的英雄事迹，展现出新时代革命军人坚决捍卫国家主权和领土完整的坚定意志，展现出敢于斗争、敢于胜利的坚强决心。

翻开中央党史和文献研究院编撰的《中国共产党一百年大事记》，中国海军护航编队临沂舰撤侨事件收录其中。2015 年 3 月，也门安全局势严重恶化，中国海军第 19 批护航编队赴也门亚丁港海域，10 天内全速航行转战 3 国 4 港 1 岛，安全撤离 621 名中国公民，并协助来自 15 个国家的 276 名外国公民安全撤离，创造了我国首次动用军舰直接靠泊外国港口撤侨、首次执行外国公民撤离任务、首次

也门撤侨说明，祖国永远是最坚强的后盾

在战场炮火威胁下撤侨的纪录。2008 年以来，我军先后派出 41 批护航编队，前往亚丁湾、索马里海域执行护航任务，有效维护了国家利益和海上国际通道安全，向世界诠释了大国担当。

军事手段是实现伟大梦想的保底手段，军事斗争是进行伟大斗争的重要方面。党的十八大以来，人民军队在党的坚强领导下

强军一席话（第二辑）：军队要能打仗、打胜仗

坚定灵活开展军事斗争，在更加广阔的空间遂行任务，强化塑造态势、管控危机、遏制战争、打赢战争的战略功能，发挥出钢铁长城的重大作用。全军有效应对外部军事挑衅施压，以有力行动震慑"台独"分裂行径，积极稳妥处置周边热点敏感事态，周密组织边境管控和海上维权行动，有效遂行反恐维稳、维和护航等重大任务。通过一系列重大军事行动，坚决捍卫了国家领土主权和海洋权益，有力维护了国家战略全局稳定。全军官兵始终牢记初心使命、践行根本宗旨，在抢险救灾、疫情防控、脱贫攻坚等任务中勇挑重担，以实际行动为党分忧、为国兴利、为民造福。

🚩 为什么说"两个确立"对于推进强国强军事业具有决定性意义？

《中共中央关于党的百年奋斗重大成就和历史经验的决议》鲜明指出："党确立习近平同志党中央的核心、全党的核心地位，确立习近平新时代中国特色社会主义思想的指导地位，反映了全党全军全国各族人民共同心愿，对新时代党和国家事业发展、对推进中华民族伟大复兴历史进程具有决定性意义。""两个确立"是深刻总结党的百年奋斗

《中共中央关于党的百年奋斗重大成就和历史经验的决议》是我们党的第三个历史决议，对推动全党进一步统一思想、统一意志、统一行动，团结带领全国各族人民夺取新时代中国特色社会主义新的伟大胜利，具有重大现实意义和深远历史意义

特别是新时代党和国家事业取得的历史性成就、发生的历史性变革得出的重大结论，关乎旗帜道路方向，关乎党运国脉军魂。

拥有坚强的领导核心、科学的理论指引，是成熟的马克思主义政党的显著标志，是我们党创造历史伟业的成功秘诀。中国共产党第一个章程明确规定，"全国大会及中央执行委员会之决议，本党党员皆须绝对服从之"。中央革命根据地第五次反"围剿"斗争失败，我们党在白区的革命力量几乎损失100%，苏区的革命力量损失90%，一个重要原因就在于没有形成坚强的领导核心。1935年召开的遵义会议，事实上确立了毛泽东同志在党中央和红军的领导地位，开始确立以毛泽东同志为主要代表的马克思主义

经典论述

马克思主义关于维护核心的重要论述

▶ 每一个社会时代都需要有自己的大人物。

——马克思

▶ 没有权威，就不可能有任何的一致行动。

——恩格斯

▶ 造就一批有经验、有极高威望的党的领袖是一件长期的艰难的事情。但是做不到这一点，无产阶级专政、无产阶级的"意志统一"就只能是一句空话。

——列　宁

▶ 要知道，一个队伍经常是不大整齐的，所以就要常常喊看齐，向左看齐，向右看齐，向中间看齐。我们要向中央基准看齐，向大会基准看齐。看齐是原则，有偏差是实际生活，有了偏差，就喊看齐。

——毛泽东

▶ 任何一个领导集体都要有一个核心，没有核心的领导是靠不住的。

——邓小平

正确路线在党中央的领导地位，开始形成以毛泽东同志为核心的党的第一代中央领导集体，在最危急关头挽救了党、挽救了红军、挽救了中国革命。1945年党的七大召开，在长期革命实践中形成的毛泽东思想正式确立为党的指导思想。全党同志在毛泽东思想的指引下，团结一致，为夺取抗日战争的最后胜利和新民主主义革命在全国的胜利英勇奋斗。在百年伟大斗争实践中，我们党坚持确立和维护党的领导核心，与时俱进把马克思主义中国化时代化的成果写在自己的旗帜上，统一全党意志，凝聚全党力量，从而推动革命、建设、改革事业不断前进。

历史是最生动的教科书，实践是最有力的证明。党的十八大以来，无论是统筹推进"五位一体"总体布局、协调推进"四个全面"战略布局，还是推进改革发展稳定、内政外交国防、治党治国治军；无论是全面建成小康社会、打赢脱贫攻坚战，还是维护国家安全和核心利益……我们之所以在世所罕见、史所罕见的严峻挑战中化危为机，在极不寻常、极不平凡的发展进程中变革图强，在不可阻挡、不可逆转的历史进军中乘势进取，谱写新时代党和国家事业发展的壮丽华章，根本在于有习近平总书记作为党中央的核心、全党的核心掌舵领航，在于有习近平新时代中国特色社会主义思想科学指引。"两个确立"是时代呼唤、历史选择、民心所向，把全党全军全国各族人民动员起来、团结起来、凝聚起来，焕发出前所未有的历史主动精神、历史创造精神，形成万众一心、无坚不摧的磅礴力量。

百年

新时代气象万千，新征程催人奋进。党团结带领中国人民踏上了实现第二个百年奋斗目标新的赶考之路，人民军队向着全面

部队开展"使命在肩、军魂永驻"活动，激励官兵在强军实践中贡献力量

建成世界一流军队迈进，前进道路上将面对各种可以预见和难以预见的风险挑战。越是在历史发展的关键当口、越是面临逆风逆水的外部环境甚至是惊涛骇浪，越需要把"两个确立"在思想上固牢扎深，在行动上坚定落实。必须深刻领悟"两个确立"的决定性意义，把握蕴含其中的历史逻辑、理论逻辑、实践逻辑，进一步增强"四个意识"、坚定"四个自信"、做到"两个维护"，贯彻军委主席负责制，始终在政治立场、政治方向、政治原则、政治道路上同以习近平同志为核心的党中央保持高度一致，增强忠诚核心、拥戴核心、维护核心的政治自觉、思想自觉、行动自觉，

以实际行动迎接党的二十大胜利召开，矢志不渝为强国强军事业不懈奋斗。

● **要论选读**

习近平：《关于〈中共中央关于党的百年奋斗重大成就和历史经验的决议〉的说明》，《习近平谈治国理政》第四卷，外文出版社 2022 年版。

习近平：《以史为鉴、开创未来，埋头苦干、勇毅前行》，《求是》2022 年第 1 期。

● **相关阅读**

《风展红旗起新航——从建党一百年眺望建军一百年》，《解放军报》2021 年 8 月 1 日。

《"建设一支听党指挥能打胜仗作风优良的人民军队"——"十个明确"彰显马克思主义中国化新飞跃述评之八》，《人民日报》2022 年 2 月 21 日。

2

突如其来的战火背后

——怎么看乌克兰危机的历史经纬和冲击影响

2022 年 2 月 24 日清晨，俄罗斯宣布在乌克兰东部顿巴斯地区发起特别军事行动，随后乌克兰首都基辅、第二大城市哈尔科夫、南部港口城市敖德萨等多地传出爆炸声，一场大规模军事冲突由此拉开帷幕。乌克兰危机是全球重大地缘政治事件，引发冷战结束以来俄罗斯与美西方最激烈的战略对抗，对现有国际秩序和欧亚大陆地缘政治格局产生深刻影响，成为世界百年未有之大变局加速演变的重要"突变量"。

战火笼罩下的马里乌波尔

🧨 乌克兰危机的深层原因是什么？

乌克兰危机的爆发，"非一朝一夕之故，其所由来者渐矣"。乌克兰危机有着复杂的历史经纬，既有苏联解体留下的历史余震，又有现实国际关系中的斗争博弈，是多种因素共同作用的结果。但深入分析，危机的根源是有关国家主导的北约东扩。

> **知识链接**
>
> ### 苏联解体后北约 5 次东扩
>
> 北大西洋公约组织简称北约，成立于 1949 年 8 月，是美国、加拿大和一些欧洲国家为实现防卫协作而建立的一个国际军事集团。
>
> 冷战结束后，北约进行了 5 次东扩，包括 1999 年，吸收波兰、捷克和匈牙利，实现了第一次东扩；2004 年，吸收爱沙尼亚、拉脱维亚、立陶宛等 7 个国家，成为其历史上最大规模的一次东扩；2009 年，吸收阿尔巴尼亚、克罗地亚；2017 年，吸收黑山；2020 年，吸收北马其顿。目前，北约共有 30 个成员国。

有关国家拱火浇油企图以乌制俄。北约是冷战的产物，作为一个军事集团，在 20 世纪 90 年代苏联解体、冷战结束后，本就失去了存在的理由。然而，有关国家违背"北约一英寸都不会向东推进"的承诺，打着"巩固民主"、"延伸稳定、推进共同价值观"等幌子，主导北约 5 次东扩，其东部边界向俄罗斯方向推进了 1000 多公里，从三面对俄罗斯形成钳形包围态势。有地缘战略理论家甚至宣称："一个扩大和民主的欧洲必须是一个没有尽头的历史进程，不应受在政治上任意涂抹的地理的限制。"乌克兰由于自身特殊的地理位置和与俄罗斯的历史文化渊源，成为有关国家遏制俄罗斯的有力"抓手"。掌控了乌克兰，就等于扼住了俄罗斯的"咽喉"。为此，有关国家在俄罗斯周边大搞"颜色革命"，持续刺激俄罗斯的"安全神经"，联合盟友塑造全面压制俄罗斯的战略格局。2021年底，在俄乌矛盾加速恶化之际，有关国家抓紧向乌克兰提供军火援助、培训军队，

有关国家向乌克兰提供反坦克导弹等武器装备

并向波兰等周边国家增兵，推动北约"软东扩"。这些放任局势紧张加剧乃至拱火浇油的举动，成为爆发军事冲突的关键因素。

乌克兰谋求加入北约导致俄乌关系全面恶化。长期以来，乌克兰国家政治发展方向不定，社会经济起伏波动，东西部对立分裂倾向严重，腐败问题频发。2014年克里米亚事件后，乌克兰希望借北约之力解决克里米亚和乌东地区主权问题。2017年6月，乌克兰通过法律，将加入北约作为对外政策的优先方向。2019年2月，乌克兰进一步将加入欧盟和北约作为国家基本方针写入宪法，并配合美西方遏制俄罗斯。2021年12月，乌克兰通过法案允许外国军队入境，计划2022年联合北约国家在境内举行10次军演，并向顿巴斯地区大量增兵，频繁与乌东民兵交火。乌克兰还大范围禁止使用俄语，抵制俄罗斯主导的欧亚经济联盟，在"反

军营理论热点
怎么看
2022

克里米亚事件

1954 年，苏联领导人赫鲁晓夫将俄罗斯克里米亚地区作为礼物划归乌克兰。2014 年年初，乌克兰反对派通过"颜色革命"成功夺权，引发俄罗斯强烈不满。2 月 28 日至 3 月 3 日，俄罗斯特种部队采取行动控制克里米亚各要地。3 月 6 日，克里米亚议会通过决议，决定以联邦主体的身份加入俄罗斯联邦。乌克兰宣布，克里米亚议会所做决定不合法，乌克兰绝不承认克里米亚加入俄罗斯联邦。

俄入约"这条道上越走越远，但并没有如愿以偿获得北约的安全保障。

俄罗斯以军事行动强力反击。一直以来，俄罗斯将大国地位视为国家生存的前提条件。北约持续东扩，一再挑战俄罗斯的战略安全底线。对此，俄罗斯多次予以谴责，明确表示这对俄罗斯来说是"生死攸关的问题"。2021 年 12 月，俄罗斯向美国和北约提交安全保障协议草案，提出禁止北约东扩、乌克兰和格鲁吉亚不得加入北约、北约不得在非北约国家进行军事活动和部署进攻性武器等要求，但未得到响应。在政治外交努力失效的情况下，俄罗斯最终选择以军事行动进行反击。

🌱 乌克兰危机中战争形态和斗争方式呈现哪些新特点？

此次乌克兰战火，起初被认为是一场实力悬殊的军事对决，然而战争发展进程出乎很多人的预料。有专家评论称："这是一场

核威慑下具有显著混合战争特征的局部军事行动"。透过军事冲突中呈现的一系列新的作战样式和打法，为我们深化对未来打什么仗、怎么打仗的认识提供了新视角。

军事和非军事手段综合运用。乌克兰危机中，军事力量双方在前方交战，美西方、乌克兰等则综合使用政治、经济、外交、科技、舆论等手段对俄罗斯进行攻击，让俄罗斯陷入比传统军事热战更难对付的全面战争。冲突爆发前，有关国家与欧洲盟友协调了几个月，确保一旦有事能够快速推出强硬有

面对美西方的制裁，俄罗斯以能源为武器进行反制，要求"非友好国家必须用卢布结算购买天然气"

力、步调一致的制裁措施。冲突中，俄罗斯数以千亿美元计的海外资产遭到冻结，部分银行、金融业受到限制，核心器件和基础软件遭到断供，西方知名品牌和连锁企业大量退出俄罗斯市场。"封杀"甚至蔓延到体育、文化、艺术等领域，连俄罗斯的猫、狗、树都遭到了制裁。美西方对俄罗斯实施"捂嘴行动"，新闻媒体在"俄罗斯侵略乌克兰"框架下开展报道，社交媒体平台全面封堵俄罗斯官方账号，同时制造许多具有冲击力、煽动性的假新闻混淆视听。乌克兰领导人频频露面发声，以视频方式在美西方国

会、议会进行演讲，宣称"乌克兰人是在为普遍公认的价值观而战"，通过社交平台"喊话"科技巨头制裁俄罗斯，极力争取西方支持。美西方、乌克兰等企图通过这些手段，摧毁俄罗斯的金融和经济，冲击俄罗斯军心民意，销蚀俄罗斯作为欧亚大国的实力基础。俄罗斯针锋相对灵活运用战争策略，统筹战略资源和战略手段，从多个领域加以应对和反制。俄罗斯领导人就俄乌局势多次发表讲话，俄军适时发布战况战报，宣传俄军战果；宣示战略威慑力量转入特殊备战状态，试射"萨尔马特"洲际弹道导弹；揭批西方制造的谎言谣言，披露美国在乌克兰建立生物实验室等问题；同时，发起经济制裁反制、能源战、外交战等多线行动。这场冲突表明，现代战争中各种力量和手段可以充分组合，多维叠加、多域同频、多元联动的特点更加突出。

新域新质力量倍增效应凸显。乌克兰危机中，俄乌双方既在传统作战领域展开兵力火力对抗，又在网络、太空、智能化、无人作战等新型作战领域进行激烈交锋。俄罗斯将高超声速武器首次运用于实战，通过太空信息支援预警和赋能精确打击，定点摧毁乌克兰多个指挥所、防空设施、

俄联邦国家防务指挥中心，是俄联邦国家、社会及军事安全"三位一体"保障体系联合行动的指挥中心，是武装力量一体化指挥系统。在安全威胁上升或战争期间，国家防务指挥中心成为俄联邦真正意义上的"最高统帅部大本营"

雷达站，无人机广泛应用于战场侦察、火力引导、空中支援等任务，"猎户座"无人机多次轰炸摧毁乌军装甲目标，大数据分析、图像匹配、深度伪造等技术也应用于战场。美西方政府、军队、私营企业等为乌军提供情报支持，有关国家某公司持续向乌军提供俄军兵力调动卫星影像，有的通过监测全球卫星定位系统干扰定位俄军装备部署，有的向乌克兰免费开放包括 20 亿张俄罗斯人脸图像在内的数据库，其中不乏俄罗斯军事人员及其家属信息。乌克兰采取"情报众筹"的模式，动员老百姓安装有"发现敌人"功能的手机软件，广泛拍摄俄军动向并定位上传。西方"匿名者"黑客组织攻入俄罗斯的核研究所网站，窃取了 4 万份敏感文件。这场冲突表明，新域新质力量是被寄予厚望的"游戏规则改变者"，具有疆域属权未定性、力量辐射全域性、作战效果战略性、未来发展突变性等特点。

"代理人战争"规模超过以往。乌克兰危机已经成为"代理人战争"的最新试验场，美西方不直接出兵作战，而是通过提供安全承诺、遥控谈判进程、加强武器援助、分享情报信息等方式，操纵乌克兰持续与俄罗斯进行作战，以达到消耗俄罗斯实力、破坏其国际声誉等目的。有关国家一位前国防官员在接受采访时毫不掩饰地说："我们要尽可能多地向乌克兰人提供武器，让他们在战斗中卖命。我想最终的关键就是让乌克兰人把战火烧到俄罗斯一边。"美西方"组团"实施"代理人战争"，据统计，截至 2022 年 6 月初，共有超过 30 个国家为乌克兰提供军事援助。援助装备的先进程度远超以往，不局限于单兵作战装备，还有很多重型武器装备。其中，有关国家已向乌克兰提供了总计 45 亿美元的军事援助，包括 155 毫米榴弹炮、火炮牵引车、"毒刺"便携式防空导弹、"标枪"反坦克导弹，以及专门开发的"凤凰幽灵"巡飞弹。这场冲突表明，"代理人战争"

激战过后的亚速钢铁厂，满目疮痍

是美西方进行大国博弈、消耗地缘政治对手的一贯做法，通过规避道义责任、降低战争成本、操控战争进程，试图实现利益最大化、风险最小化。

🍄 乌克兰危机带来什么样的警示？

与近几场局部战争相比，乌克兰危机中，对抗力度烈度之强、投入力量之多、作战领域之广、伤亡数量之大都属少有。这场军事冲突为我们观察现代战争、洞察未来战场打开了一扇窗，对我军有效履行新时代使命任务具有很强的借鉴和警示意义。

强化忧患意识，做到居安思危。乌克兰危机说明，冷战思维、集团对抗没有退出历史舞台，霸权主义和强权政治依然大行其道，

军营理论热点
怎么看
2022

战争的阴霾远未消散，铸"剑"为"犁"的时代并未到来。冲突中，双方军队大量人员伤亡，普通民众流离失所、深受创伤。据联合国统计数据，冲突爆发以来已有 700 余万人离开乌克兰。军队是国家安全的坚强后盾，宁可备而不战，不可无备而战。面对国际战略形势和我国安全环境的复杂深刻变化，面对可以预料和难以预料的风

乌克兰危机再次向我们敲响了警钟，战争的达摩克利斯之剑依然悬在人类头上

险挑战，要始终强化枕戈待旦的战备意识，眼中有对手、心中有敌情，时刻保持高度戒备状态、临战姿态，确保一旦有事，能够上得去、打得赢。

坚持底线思维，提高战略反制能力。乌克兰危机暴露出美西方全方位遏制打压对手的惯用伎俩，"地狱级制裁"、"极限施压"无所不用其极，俄罗斯对此早有预料并有应对预案，提前布局建立独立的支付结算系统，以能源供应为有力反制武器，对冲制裁带来的部分影响。这警示我们，唯有备足反击反制的"工具箱"，才能有效应对战场内外的威胁和挑战，把维护国家安全的主动权牢牢掌握在自己手里。

紧跟战争之变，深研制胜机理。这场军事冲突"新旧交织"，

24

呈现出机械化、信息化、智能化叠加的特点，有评论称"有可能从根本上颠覆我们在 21 世纪发动战争的方式"。要大兴研究军事、研

乌克兰危机中，双方投入了很多先进武器装备。据俄新社报道，2022 年 5 月俄军一次出动 4 架苏—57 隐形战斗机，并通过统一联网的方式组队攻击乌军防空系统

究战争、研究打仗之风，认清战争形态的发展演变，聚焦军事科技前沿，不断提高对现代战争特点规律的认识，进一步提高备战打仗水平。

廓清信息迷雾，保持清醒坚定。乌克兰危机中，各方消息真假难辨、鱼龙混杂，让人在扑朔迷离中难以看清看透真相。有的国家还把脏水泼向中国，一会儿诋毁中国"事先知晓但没有阻止战争"，一会儿威胁"中国若帮助俄罗斯规避制裁将面临后果"，一会儿妄称"俄罗斯请求中国提供军事援助"。面对舆论场上噪音杂音的纷扰，我们要增强政治敏锐性和鉴别力，准确把握我国在乌克兰问题上的立场主张，不被网络负面信息带偏节奏，做到头脑特别清醒，眼睛特别明亮。

强军一席话（第二辑）：思想的锈蚀比枪炮的锈蚀更可怕

● **要论选读**

习近平：《携手迎接挑战，合作开创未来——在博鳌亚洲论坛2022年年会开幕式上的主旨演讲》，人民出版社2022年版。

● **相关阅读**

《美国对危机负有不可推卸的责任》，《人民日报》2022年3月29日。

《煽风点火，乌克兰局势紧张的始作俑者》，《解放军报》2022年3月17日。

《美国对华认知中的谬误和事实真相》，外交部2022年6月19日。

3

锻造胜战"硬核"能力

——怎么看练就能战善战的精兵劲旅

"我命令：2022 年军事训练开训……"习主席签署中央军委 2022 年 1 号命令，连续第 5 年发布开训动员令，树立了大抓军事训练的鲜明导向，吹响了练兵备战的时代号角。从冰天雪地的北疆边陲到艳阳高照的南海之滨，全军官兵士气高昂、热血沸腾，各部队闻令而动，纷纷打响新年度军事训练"第一枪"。当前，世界进入新的动荡变革期，国家安全形势复杂严峻。军事手段始终是保底

2022 年开训动员令发布后，全军迅速掀起了训练热潮

手段，人民军队永远是战斗队。必须把备战打仗作为第一要务，坚持边斗争、边备战、边建设，着力练强指挥能力，练好战斗本领，练硬战斗作风，以更强大的能力、更可靠的手段坚决捍卫国家主权、安全、发展利益。

强军一席话（第二辑）：时刻准备为祖国和人民去战斗

知识链接

习主席签署中央军委 2022 年 1 号命令
向全军发布开训动员令

我命令：2022 年军事训练开训。

全军各级要坚决贯彻党中央和中央军委决策指示，准确把握国家安全和军事斗争形势变化，紧盯科技之变、战争之变、对手之变，大力推进战训耦合，大力推进体系练兵，大力推进科技练兵，全面推进军事训练转型升级，练就能战善战的精兵劲旅。

全军指战员要弘扬一不怕苦、二不怕死战斗精神，刻苦训练、科学训练、安全训练，练强指挥能力，练好战斗本领，练硬战斗作风，以昂扬精神面貌和一流练兵成效迎接党的二十大胜利召开。

🚩 百年变局和世纪疫情交织给我国安全环境带来哪些新变化？

2022 年一开年，中亚又乱了，而且是区域重要国家、共建"一带一路"首倡之地哈萨克斯坦。因油气等民生物资价格上涨，引发民众不满，抗议示威者冲击政府机关、军事基地，第一大城市阿拉木图满目疮痍。这次骚乱之后，短短几个月，全球多处"爆雷"：战火频频点燃，乌克兰危机不断升级，以色列多轮轰炸叙利亚，沙特为首的多国联军轰炸也门，土耳其越境打击伊拉克北部库尔德工人党武装，吉尔吉斯斯坦和塔吉克斯坦在边境交火；多国局势动荡，巴基斯坦政局跌宕，斯里兰卡陷入严重经济危机……百年变局叠加世纪疫情，全球动荡源和风险点明显增多，世界经济增长持续乏力，发展鸿沟日益扩大，地区热点问题此起彼伏，冷战思维和强权政治沉渣泛起，世界面临的不稳定性不确定性不断上升。

在乌克兰危机愈演愈烈、美俄关系高度紧张的背景下，2022年2月的《美国的印太战略》，将中国视为首要防范对象和战略指向，公然将台海作为首要安全关切，空前重视盟友、伙伴共同作用。近年来，美在亚太动作频频，美英澳"三边军事关系"、美日印澳"四国机制"、美英澳加新"五眼联盟"等"小圈子"越搞花样越多。2022年3月，美国公布2023财年预算案，国防开支高达8133亿美元，续刷历史新高，并明确表示该预算重心仍是与中国的"长期竞争"。可以想见，在未来相当长的时间内，美国对我的围堵、遏制、打压绝不会收手放手。

"中国人民解放军枕戈待旦，坚决挫败外部势力干涉和'台独'分裂图谋。"2022年5月25日，针对近期美台勾连相关活动，国防部新闻发言人严正表达我军立场，坚决反对美方同中国台湾地区进行任何形式的官方往来和军事联系。就在同一天，东部战区发布消息，近日在台岛周边海空域组织多军兵种联合战备警巡和实战化演练。2022年以来，美国持续加大打"台湾牌"力度，企图"以台制华"。美国前参谋长联席会议主席马伦、前国务卿蓬佩奥、参议院外交关系委员会主席梅嫩德斯等一众政客先后窜访台湾，为"台独"势力撑腰打气。持续加强对台军售，2022 年 6 月 8 日，美国政府宣布批准了一项新的对台军售计划，拟向台湾提供价值 1.2 亿美元的军舰零附件及相关技术支持，这是拜登政府任内第四度、今年第三度宣布对台军售。此外，美军还打着"航行自由"的幌子，派军舰频频过航台湾海峡。这些都严重违反一个中国原则和中美三个联合公报规定，严重损害中国主权和领土完整，严重破坏台海地区和平稳定，严重冲击中美关系的政治基础。台海局势严峻复杂，战争危险现实存在。在维护国家领土完整的问题上，我们没有任何妥协空间，必须坚决粉碎"台独"分裂图谋，坚决遏制外部势力干涉，坚决捍卫祖国完全统一。

知识链接

中美三个联合公报

1972 年 2 月 27 日，中美两国在上海签署《中美联合公报》（即"上海公报"），并于 28 日发表。这标志着中美两国政府经过 20 多年的对抗，开始向关系正常化方向发展，为两国建交奠定了基础。

1978 年 12 月 16 日，中美双方同时发表《中美建交公报》，两国政府自 1979 年 1 月 1 日起互相承认并正式建立外交关系。1979 年 1 月 1 日，美国宣布断绝同台湾的所谓"外交关系"，并于年内撤走驻台美军，终止美台《共同防御条约》（即断交、撤军、废约）。

1982 年 8 月 15 日，中美两国就美对台军售问题正式达成协议，经两国政府批准后，于 8 月 17 日同时发表"八·一七公报"。美方承诺"它不寻求执行一项长期向台湾出售武器的政策，它向台湾出售的武器在性能和数量上将不超过建交以来近几年的水平，准备逐步减少它对台湾的武器出售，并经过一段时间导致最后解决"。

🚩 为什么要坚定灵活开展军事斗争？

"兵者，诡道也。"战争，历来讲究灵活求变。北宋时期，宋太宗制定了"御制平戎万全阵图"的所谓秘密法宝，要求将领务必按照阵图打仗，否则即便获胜也要被问罪。这种阵图看似"万全"，在实际作战中却暴露出不少缺陷，将帅无法临机决断，军队难以机动应变，往往阵形尚未摆完，敌军骑兵就已杀到眼前。历史警示我们，打仗不因时而变、因势而动，就会跌入失败的深渊。现在，我们面对的军事斗争形势复杂多变，

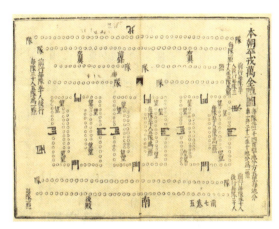

"御制平戎万全阵图"是一种巨型大阵，正面宽度达17里，阵中央列为3个方阵，号称"中军"，每个阵宽5里，周长约为20里，配备战车1440辆，每阵之间相隔1里，总兵力多达14万余人

不坚定就难以让强敌知止收敛，不灵活就无法取得主动、赢得斗争。

1946年7月13日起，华中野战军司令员粟裕指挥3万部队，在苏中地区同12万国民党军展开激战，连续取得7次战斗胜利，歼敌5万余人，这就是我军历史上有名的苏中"七战七捷"。首战宣泰、先发制敌，集中6：1的优势兵力到敌家门口打；再克如南、攻其不备，以主力远距离突袭整编第49师；三御海安、以逸待劳，实施运动防御，尔后主动撤离、创造战机；此后，四袭李堡、出其不意，五夺丁林、猛虎掏心，六胜如黄、围魏救赵，七救邵伯、

釜底抽薪。七战七法、七战七捷，生动展现了人民军队坚定灵活的斗争意志和战略策略。毛泽东同志高度评价，指挥正确，既灵活，又勇敢，故能取得伟大胜利。新的时代条件下，我们必须紧跟战争形态演变，加强战法训法研究运用，用好军事辩证法这个重要法宝，打造更多克敌制胜的死亡陷阱。

浙东某机场，随着一声急促的战斗警报声，东部战区海军航空兵"海空雄鹰团"战机迅即起飞，直奔东海防空识别区任务空域，查证、驱离外国军机。一次任务中，2架外国军机高速逼近挑衅，甚至开启火控雷达照射。我飞行员马上采取干扰、反制措施，占据绝对主动态势。双方近距离缠斗几圈后，外国军机高速脱离相关空域。2013年11月，中国政府宣布划设东海防空识别区，并发布航空器识别规则公告和识别区示意图。9年来，人民军队持续保持常态化警巡，根据不同空中威胁采取相应措施，保卫国家空防安全。当前，我们正在进行具有许多新的历史特点的伟大斗争，形势越复杂，越要有步骤、有策略地用好用活军事这一手。既要敢于斗争，该出手时就出手，维护国家核心利益不受损；又要善于斗争，把握斗争火候，审时度势、权衡得失，确保政治和战略主动。

东海防空识别区划设示意图

资料来源：中华人民共和国国防部　　　新华社发

🚩 为什么要大力推进战训耦合？

我军是一支在实战中创立和成长的军队。抗日战争中，虽然战斗频繁，但我军坚持边训边打、边打边训，利用作战间隙普遍开展以刺杀、射击、投弹、爆破和土工作业"五大技术"为主的实战技战术训练，不断增强指战员战斗技能、提高杀敌本领。到1945年大反攻时，八路军主力部队战士在与日军拼刺刀时，有的已经能以一敌三，取得相应优势。不断缩小练与战的差距，实现战训一致，是我军的一条重要练兵原则，也是一条重要的制胜经验。现在，我军实战化训练水平不断提高，但训练同实战耦合度不高的问题仍然存在，必须坚持以战领训、以训促战，做到按实战要求训练，实现作战和训练一体化。

军事训练实际上是未来战争的预演，是提高实战能力的重要途径和抓手。俄军历来具有预先制定战争计划、依据计划实施实案演习的军事传统。数据显示，2018年至2021年，俄军大规模演习次数明显增加，其中"斯拉夫兄弟情"系列演习中的空降作战课目，"高加索—2020"战略演习中的全纵深打击等课目，"西部—2021"演习中的敌后侦察破坏、坦克突进、空降突击及"旋转木马"等课目，都在俄对乌的特别军事行动中得到体现。2022年年初更是一反常规，将原本安排在秋季的俄罗斯与白俄罗斯年度例行演习，提前到1月份实施，演习结束后参演部队进入乌克兰作战，训练与实战快速对接转换。战争实践充分说明，只有紧贴作战任务、作战对手、作战环境，加强针对性、检验性、对抗

军营理论热点
怎么看
2022

强军一席话（第二辑）：真打实备必须落实到训练上

性训练，才能锻造部队过硬的战斗力。

2022年5月，辽宁舰航母编队前出太平洋进行远海实战化训练。编队航行一路、战斗一路，连续转战多个训练海域，组织对空、对潜等分域作战训练课目。远海训练既是"焦点"也是"战点"，外军舰机经常抵近侦察、干扰挑衅，有外军发布消息称共观测到辽宁舰歼—15舰载机等起降超300次。编队全程稳慎处置，有官兵讲："过去在家门口，我们有底气应对外机挑衅，现在在远海，我们同样有能力、有信心。"走进大江南北的演兵场，实案实景练兵特色鲜明，新域新质力量训练异军突起，"科学家+"、"科技+"、"数据+"等手段开展运用。经过这些年艰苦努力，我军军事训练在紧贴实战、服务实战方面向前迈出了一大步，基础训练难度强度明显增大，应急应战专攻精练持续深化，科技练兵走出新路，训练转型有序推进，

部队开展高寒山地进攻战斗演练

支撑了备战打仗能力提升和各项重大任务完成。强军号角催征下，全军将士向着能打仗、打胜仗，不断掀起实战化训练热潮，推动练兵备战更加走深走实。

🚩 为什么要弘扬一不怕苦、二不怕死战斗精神？

2021 年 6 月 29 日，党中央首次颁授"七一勋章"，以党内最高荣誉向英雄们致敬。其中有一位英雄，国家曾经苦苦寻找了 33 年才找到，他就是中国人民志愿军特等功臣、一级战斗英雄柴云振。1951 年，在抗美援朝朴达峰阻击战中，他奉命带领全班战士向占领我主峰阵地的敌人发起反击，经过英勇战斗，夺回两个山头，又先后被凶狠的敌人咬住。面对几十倍于己的敌人，柴云振没有丝毫畏惧，一次次歼灭汹涌扑上来的敌人，浴血奋战到孤身一人，这时 4 名敌人冲向他，被他近距离击毙 3 个。最后一个身高马大的敌人与他缠斗在一起，在翻滚扭打之中，敌人一口咬住他的手指，他忍痛抓起石头将敌人砸昏。柴云振的心中只有一个信念："坚决消灭最后一个敌人！"这种血性令敌人胆寒，让天地动容！正是凭着舍生忘死、向死而生的民族血性，

"七一勋章"获得者柴云振

我们在抗美援朝战争中以"钢少气多"力克"钢多气少"，打出了国威军威，赢得了党的信任、人民赞誉，也赢得了世界尊敬。

拿破仑有句名言："军队战斗力的四分之三是由士气组成的。"任何一个国家的军队，都必须重视战斗精神的涵养与培育；任何

一场战争的胜利，都离不开战斗精神的鼓舞与支撑。2021年下半年，"30万不敌6万，塔利班何以10天拿下阿富汗"成为军事专家热议的话题。塔利班从2021年8月6日占领第一个省会城市扎兰季市，到进入首都喀布尔，只花了10天时间。装备精良、号称30多万人的阿富汗安全部队，面对缺枪少炮、只有6万成员的塔利班武装，土崩瓦解速度之快，远超外界预期。其中的一个重要原因，就是阿安全部队丧失斗志。在塔利班大规模攻打城市阶段，阿政府军多名高级将领率部投降，直接导致许多重镇失守。阿国民军7个军团，只有1个抵抗到最后。对一支军队来说，武器装备是打胜仗的基础，但真正的脊梁是精神，没有战斗精神打不了仗，更不可能打胜仗。

强军一席话（第二辑）：军人要有血性

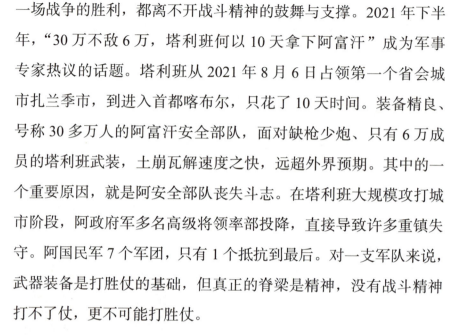

知识链接

困牛山铭刻红军壮举

1934年8月，红六军团奉命西征，为中央红军战略转移先遣探路，先后转战赣、湘、桂、黔4省，突破国民党军4道封锁线，于10月进至贵州省石阡县甘溪地域，陷入敌军重围之中。该军团第十八师第五十二团将敌军诱至困牛山地区，与敌激战3昼夜，成功掩护主力突围。坚守困牛山的红军战士，面对国民党军的疯狂攻击浴血奋战。敌人逼迫当地老百姓走在前面，将包围圈不断缩小，一部分红军战士宁死不做俘虏、不伤百姓，毅然决然地选择集体跳下数十米深的悬崖，用鲜血和生命谱写了一曲信仰坚定、人民至上、不怕牺牲的千古壮歌。

今天，山河无恙、家国安宁，但中国军人的铁血豪情从未改变，新时代革命军人用生命践行使命，充分展现了一不怕苦、二不怕死的血性胆魄。面对新的战争和斗争特点，我们既要保持革命加拼命的无畏勇气，又要涵养心胜加智胜的科学精神，始终砥砺强大的战斗精神，这样才能在关键时刻压倒敌人、制胜疆场。

● **要论选读**

习近平：《在庆祝中国人民解放军建军 90 周年大会上的讲话》，《论中国共产党历史》，人民出版社 2021 年版。

● **相关阅读**

《练就能战善战的精兵劲旅——认真学习贯彻习主席向全军发布的 2022 年开训动员令》，《解放军报》2022 年 1 月 5 日。

《迎潮奋楫向战行——2018 年以来全军部队大抓军事训练回眸》，《解放军报》2022 年 2 月 23 日。

迈向世界一流的擘画

——怎么看国防和军队现代化新"三步走"战略安排

  2022 年虎年新春，一部国产战争片《长津湖之水门桥》深深触动了国人的家国情怀，无数观众忍不住为之泪奔。在这场战斗中，志愿军战士凭着血肉之躯 3 次炸毁水门桥，而美军却依靠其军工生产能力 3 次修好并借机南逃。可以说，美军被志愿军的"气"深深震撼，志愿军也对美军的"钢"印象深刻。"必须把人民军

左图为电影《长津湖之水门桥》海报。右图为 1950 年 12 月，志愿军炸毁水门桥，阻断美国海军陆战队第 1 师撤退道路

队建成世界一流的军队"、"永远不能再让我们的子弟兵靠着血肉之躯迎战强大敌人了"……网络上的观众留言，充满着对人民军队的崇高敬意，更表达着对建设强大人民军队的迫切期待。新时代新征程上，习主席对国防和军队现代化作出重大战略设计，明确新"三步走"战略安排，擘画今后 30 年强军蓝图，指引人民军队向着世界一流的宏伟目标阔步前行。

🚩 国防和军队现代化进程为什么要同国家现代化进程相适应？

阳春三月，十三届全国人大五次会议在北京召开。"国防费预算安排 14760.81 亿元，增长 7.1%"登上热搜榜，不少外国媒体报道：中国国防费增速，时隔两年后重回"7% 时代"。对此，解放军和武警部队代表团新闻发言人回应称："中国国防费保持适度

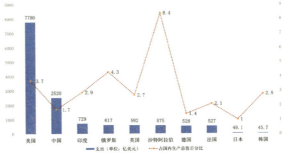

2021 年国防支出前十国家及占国内生产总值百分比

数据来源：斯德哥尔摩国际和平研究所

新闻发言人介绍 2022 年国防费预算安排情况

稳定增长，是人心所向、大势所趋。"强国必须强军，军强才能国安。在全面建设社会主义现代化国家、实现第二个百年奋斗目标的历史进程中，必须把国防和军队建设摆在更加重要的位置，加快建设巩固国防和强大人民军队。

这就是人民空军

保存于空军档案馆的《建设中国红色空军计划》手稿复制件

在空军档案馆，存放着一件十分珍贵的档案。它是我党我军历史上第一份空军建设蓝图——《建设中国红色空军计划》，上面标注的时间是 1940 年 11 月 23 日。计划的起草者是我党派到苏联学习航空技术的专家常乾坤、王弼，初稿写于回国的列车之上。抵达延安后，王弼对计划作了进一步修改完善，最后以书信形式呈报党中央。当时中华民族危如累卵，这份计划根本没有实施的基础可谈。正因如此，这份计划开篇第一句，就是"如果国内国外环境之准许……"，之后每个段落的开头也都是"如果"。读着这一个个"如果"，我们深刻体会到起草者渴望军队强大而"环境不准许"的内心酸楚，也更能体会到国防和军队现代化与国家现代化的密切联系。搏击空天、壮志凌云，现如今，人民空军依托国家现代化建设奠定的坚实基础，主战装备实现大发展、大跨越。82 年前的一个个"如果"，已经变成世人瞩目的累累"硕果"。

把国防和军队现代化建设摆在党和人民事业发展全局重要位置，与国家整体发展同步推进，是我们党一以贯之的强国强

习主席关于国防和军队现代化同国家现代化关系的重要论述

▶ 坚持和发展中国特色社会主义，实现中华民族伟大复兴，必须统筹发展和安全、富国和强军，确保国防和军队现代化进程同国家现代化进程相适应，军事能力同国家战略需求相适应。

▶ 国防和军队现代化必须融入国家现代化。

▶ 要坚持全党全国一盘棋，军地合力推进国防和军队现代化。

军之道。1950 年 9 月 25 日，毛泽东同志强调："中国必须建立强大的国防军，必须建立强大的经济力量，这是两件大事。"在此后的各个历史时期，我们党始终把"两件大事"统起来一起抓，坚持发展、安全协调推进。进入新时代，党中央和中央军委就加快国防和军队现代化作出一系列战略谋划和部署，引领人民军队阔步向前，发展成为基本实现机械化、加快迈向信息化的强大军队。新征程上，我们必须把握强国强军的时代要求，加快把国防实力搞上去，确保军事能力同实现中华民族伟大复兴的战略需求相适应。

🌱 新"三步走"战略安排为我军擘画出什么样的发展蓝图？

英国经济学家科林·斯皮克曼曾撰文称赞：中国有能力执行长期规划，这一点在西方国家几乎是不可能出现的。制定中长期战略规划，一张蓝图干到底，是我们党治国理政的政治优势，也

是我们党领导推进国防和军队现代化的重要方式。2027年、2035年、本世纪中叶……这3个反复"划重点"、"敲黑板"的重要时间节点，形成了国防和军队现代化新"三步走"战略安排，这就让近、中、远目标梯次衔接，实现强军目标、建成世界一流军队的图景更加清晰。

知识链接

"中国式的现代化"概念的由来

1979年3月21日，邓小平同志会见马尔科姆·麦克唐纳为团长的英中文化协会执行委员会代表团，谈到中国实现"四个现代化"，他说："我们定的目标是在本世纪末实现'四个现代化'。我们的概念与西方不同，我姑且用个新说法，叫做'中国式的四个现代化'。现在我们的技术水平还是你们50年代的水平。如果本世纪末能达到你们70年代的水平，那就很了不起。就是达到这个水平，也还要做许多努力。由于缺乏经验，可能比想象得还要困难些。"两天后，邓小平同志在中央政治局会议上谈道："我同外国人谈话，用了一个新名词：中国式的现代化。""中国式的现代化"概念由此提出。

深蓝！深蓝！

到2027年确保实现建军一百年奋斗目标这一步，着眼的是我国发展战略、安全战略、军事战略要求，根本指向是提高人民军队捍卫国家主权、安全、发展利益的战略能力，实现路径是机械化信息化智能化融合发展。这一奋斗目标，是我们党把握强国强军时代要求作出的重大决策，是关系国家安全和发展全局的重大任务，体现了党的历史使命、国家战略需求和军队使命任务的有机统一。推进实现建军一百年奋斗目标，是关系我军建设全局的一场深刻变革，必须转变发展理念、创新发展模式、增强发展动能，积极推动高质量发展。

到 2035 年基本实现国防和军队现代化这一步，紧盯的是军事理论、军队组织形态、军事人员、武器装备"四个现代化"重点任务。到那时，人民军队基本实现军事理论现代化，战争和战略指导不断创新，形成具有时代性、引领性、独特性的军事理论体系。基本实现组织形态现代化，军队力量结构布局科学合理，战略威慑能力巩固提高，新域新质作战力量不断壮大，精兵作战、体系支撑、联合制胜成为基本运用模式。基本实现军事人员现代化，军事人员能力素质、结构布局、开发管理全面转型升级，联合作战指挥人才、新型作战力量人才、高层次科技创新人才、高水平战略管理人才等群体充分涌流，锻造德才兼备的高素质、专业化新型军事人才。基本实现武器装备现代化，国防科技自主创新、原始创新动能强大，科技敏锐度、认知力和响应速度大大加快，深度掌

火箭军某部组织集群发射

握一大批战略性、前沿性、颠覆性技术，加速武器装备升级换代和智能化武器装备发展，拥有更多克敌制胜的战略"铁拳"。

到本世纪中叶把人民军队全面建成世界一流军队这一步，瞄准的是同我国强国地位相称、能够全面有效维护国家安全、具备强大国际影响力的目标要求。这体现了实现中华民族伟大复兴对强军的战略要求，彰显了我们党建设强大人民军队的决心气魄。同我国强国地位相称，强调的是强国与强军的相互关系，只有拥有世界一流的军队，才称得上是真正的世界强国。当我国建成世界强国之时，我军必将成为巩固我国强国地位的坚实依托。能够全面有效维护国家安全，强调的是我军基于网络信息体系的联合作战能力、全域作战能力都要有一个大的提升，能够综合运用多样化的军事手段慑止战争、打赢战争、稳控战局，无论党和人民赋予什么样的任务都能坚决完成，无论国家安全边界拓展到哪里都能坚决捍卫。具备强大国际影响力，强调的是我军始终成为维护世界和平发展的正义力量，能与世界强国军队比肩，引领世界军事发展潮流，把握国际竞争和军事竞争主动权。

向世界一流军队阔步前进

🍷 为什么要加快机械化信息化智能化融合发展？

加快"三化"融合发展，顺应了世界新军事革命的潮流。自2015年俄军在叙利亚战争中开创了以机器人战斗群掩护地面部队的作战样式以来，无人化、智能化装备在战场上大放异彩。2020年纳卡冲突中，阿塞拜疆军队无人作战平台第一次超过有人平台，无人机的使用数量、频率和强度都创造了纪录。2021年5月，以色列军方在与巴勒斯坦哈马斯武装的冲突中，使用先进信息收集技术、分析算法

2021年5月14日，以色列"铁穹"防空系统拦截从加沙地带向以色列阿什凯隆发射的火箭弹

和人工智能主导的决策支援系统，对作战目标进行精确打击，有媒体称之为"第一场人工智能战斗"。这些军事冲突和局部战争表明，智能化战争之门逐渐打开，基于智能化作战体系生成的新质作战能力将成为核心军事能力，谁跟不上节奏谁就要落伍掉队。

加快"三化"融合发展，丰富了国防和军队现代化的时代内涵。国防和军队现代化是动态发展的，不同历史时期有不同内涵。20世纪50年代，现代化发展目标主要是实现机械化。20世纪90年代以来，主要是建设信息化军队、打赢信息化战争，我军及时提出推动机械化信息化复合发展。现在，加快军事智能化发展、打造智能化军事体系成为世界军事发展的一个重大趋势。加快"三化"融合发展，是人民军队大踏步赶上时代、拥抱变革的必然要求，为国防和军队现代化指明了发展方向、发展路子、发展模式。

加快"三化"融合发展，契合了我军建设发展的实际，是未来一段时期国防和军队现代化建设的必由之路。经过长期努力，我军基本实现机械化，信息化建设取得重大进展，军事智能化发

智能反潜新装备——仿生鲨鱼

地面无人作战车——"尖兵"

战斗侦察型无人战车——"锐爪1"

察打一体无人机——"天羿"
亮相第七届中国（北京）军事智能装备
博览会的军用智能无人装备

展开始起步。以机械化为基础，补齐机械化短板，向更高水平、更加全面的机械化迈进，为信息化、智能化发展提供物质基础和有力支撑；以信息化为主导，运用信息技术优势升级改造现有武器装备促进机械化，开发精确、智能、融通、高效的信息化武器装备支持智能化，最大限度发挥信息网络对作战体系和效能的黏合力、整合力；以智能化为引领，带动机械化、信息化实现跨越式发展，实现国防和军队现代化水平整体提升。这样的路径模式不是搞平衡、齐步走，不是全盘否定、另起炉灶，也不是此消彼长、相互取代，而是要实现由梯次发展向融合并进、由点状积累向体系突破转变，在推进智能化进程中发展高度发达的机械化和更高水平的信息化。

● 要论选读

习近平：《坚定决心意志　埋头苦干实干　确保如期实现建军一百年奋斗目标》，《人民日报》2021 年 8 月 1 日。

● 相关阅读

《坚持走中国特色强军之路》，《人民日报》2021 年 11 月 30 日。

《把人民军队建设成为世界一流军队》，《人民日报》2022 年 4 月 7 日。

5

看清现代战争这条"变色龙"

——怎么看加快军事理论现代化

时代的风云变幻，呼唤军事理论创新，激荡军事理论创造。20 世纪上半叶，杜黑的"制空权"理论、富勒的"机械化战争"理论、图哈切夫斯基的"大纵深作战"理论等，都引领了军事潮流，推进了军队变革，改变了战争面貌。当前，国际战略格局深刻调整，战争形态和作战方式发生革命性变化，现代战争这条"变色龙"更加变幻莫测，对创新军事理论提出新的更高要求。加快国防和军队现代化，军事理论现代化在"四个现代化"中

新时代波澜壮阔的军事实践，为加快军事理论现代化提供了沃土。图为海军 101 舰艇编队参加实战化军事演练

居于首位，凸显了军事理论创新的先导作用和引领功能，反映出强军制胜对加快军事理论现代化的迫切要求。

🎯 为什么说科学的军事理论就是战斗力？

西方军事史上有一位奇才，身为瑞士人，却成了法俄两国皇帝的战争智囊；本是股票经纪人，却著有西方军事史上最权威的兵书之一《战争艺术概论》，他就是 19 世纪与克劳塞维茨齐名的安托万·亨利·若米尼。《战争艺术概论》写作长达 53 个春秋，深入研究总结法国大革命尤其是拿破仑战争的经验，提出"全部战争的锁钥在于集中主要兵力，攻击敌军一翼或一点"、"将帅和士气是影响战争胜负最主要因素之一"等许多创新思想观点。该书问世后，被欧美多国列为军事教材。德国诗人海涅说过："思想走在行动之前，就像闪电出现在雷鸣之前一样。"科学的军事理论，揭示战争规律、战争指导规律和军队建设规律，

若米尼和《战争艺术概论》

是正确指导战争的思想武器，对战斗力诸要素产生深刻影响。谁在军事理论创新上先人一步，谁就可能抢占制胜先机、赢得战略主动。

苏区军民歼敌誓师大会后，红军接连取得龙冈、东韶两次战斗的胜利，活捉敌前线总指挥兼师长张辉瓒，国民党第一次"围剿"被彻底粉碎。图为誓师大会纪念广场

"敌进我退，敌驻我扰，敌疲我打，敌退我追，游击战里操胜算；大步进退，诱敌深入，集中兵力，各个击破，运动战中歼敌人。"这是 1930 年 12 月，红军在江西小布召开苏区军民歼敌誓师大会时，毛泽东同志亲自书写、张贴在大会主席台两边的一副对联，集中反映了土地革命战争时期毛泽东同志的军事思想和红军战略战术，是赢得反"围剿"斗争胜利的根本指引。从红军时期的"十六字诀"，到抗日战争时期的"持久战"，从解放战争时期的"十大军事原则"，到抗美援朝战争时期的"零敲牛皮糖"，再到新中国成立后军事战略方针的不断调整，人民军队从战争中学习战争，从实践中探索规律，理论创新步伐从来没有停止过。始终坚持先进军事理论的指导，这是人民军队不断发展壮大，从胜利走向胜利的关键所在。

当前，世界新军事革命迅猛发展，我军强军实践深入推进，对军事理论创新提出了迫切要求，也提供了广阔空间。同时，我军建设发展面临着大量新情况新问题，亟需从理论上作出回答。要以更宽广的视野、更长远的眼光，大力推进马克思主义军事理论创新，加快形成具有时代性、引领性、独特性的军事理论体系，只有这样才能为打赢明天的战争提供科学理论支撑。

🍁 为什么要扭住战争和作战问题推进军事理论创新？

抗美援朝战争既是"钢"与"气"的较量，又是思想与智慧的对决。入朝初期，志愿军采取大范围穿插、迂回、分割、包抄的战略战术，大规模歼灭冒进之敌，取得了很大战果。1950年12月，李奇微接任美国第8集团军司令后，对志愿军战略战术进行了深入研究，发现志愿军后勤补给跟不上、只能维持"礼拜攻势"的短板，制定了"磁性战术"，通过作战初期保持若即若离节奏来消耗志愿军粮食弹药，

从1952年1月底起，志愿军一线部队展开冷枪冷炮狙击活动。上甘岭一役，邹习祥用78发子弹歼敌39人，所在537.7高地北山，被惊恐的美国兵称为"狙击兵岭"。图为邹习祥向战友介绍狙击经验

一周后再发起全面反击。这一战术实施后，一度给志愿军造成被动。为破解"磁性战术"，毛泽东同志研究提出了"零敲牛皮糖"的战法，即以打小歼灭战为主，积小胜为大胜。1952年秋季战术反击作战中，志愿军和朝鲜人民军对敌60个目标进行了77次进攻，共歼敌2.7万余人，成为贯彻"零敲牛皮糖"、打小歼灭战指导方针最为典型的作战。可见，军事理论根植于战争实践的沃土，接受着战争实践的检验。只有回答和解决好战争之问，军事理论才能实现重大创新，带来军事实践的重大突破。

1991年年初爆发的海湾战争，成为机械化战争迈向信息化战争的转折点，引发了世界性军事变革浪潮。中央军委对此高度关注，召开座谈会进行研讨，着眼国际形势的变化，研究未来战争的打法。1993年1月，中央军委扩大会议制定了新时期积极防御的军事战略方针，在战略指导上实行重大调整，提出把军事斗争准备的基点放在打赢现代技术特别是高技术条件下的局部战争上，赋予积极防御的军事战略方针以新的内容。之后，中央军委根据国家安全形势发展变化和新军事革命的深入发展，与时俱进创新军事战略指导，适时调整军事战略方针，对军队建设、改革和军事斗争准备的指导作用日益显现。"明者因时而变，知者随事而制。"军事斗争的焦点在哪里，军事战略指导的重心就在哪里，军事理论创新的靶标也就在哪里。推进军事理论创新，必须把握世界发展大势和军事发展潮流，前瞻应对国家安全风险和战争威胁，以理论上的重大突破，引领军事力量更好发挥战略功能。

军事科学是战争的科学，军事理论是对抗的理论。搞军事理论创新，不能埋头书斋、闭门造车，要坚持理论和实践相结合，打通从实践到理论、再从理论到实践的闭环回路，实现理论和实践的良性互动；不能人云亦云、盲目跟风，要坚持你打你的、我打我的，加强核心作战概念开发，创新作战方式和军事力量运用方式；不能一知半解、以偏概全，要把现代战争制胜机理搞清楚，把打什么仗、怎么打仗搞明白，始终瞄准主要威胁、战略对手和主要作战对象，加强高端战争研究，加快构建具有我军特色、符合现代战争规律的先进作战理论体系。

> **知识链接**
>
> ## 核心作战概念
>
> 核心作战概念是对作战思想和作战方式进行的总体性定义和描述，在研究设计战争中占有重要地位。近些年来，世界主要国家军队提出了"多域作战"、"联合全域作战"、"空天战略性战役"等作战概念，概念创新和技术创新成为争夺军事优势的"双引擎"。开发具有我军特色的核心作战概念，既是由被动适应战争向主动应对战争转变的前提，实质上就是打造涵盖战略指导、作战构想、技术支撑的一整套战争构想，也是牵引部队战斗力建设发展的重要指导。

🚩 新时代为什么要创新发展人民战争战略战术？

"地道战嘿地道战，埋伏下神兵千百万"，"全民皆兵，全民参战，把侵略者彻底消灭完……"一曲脍炙人口的《地道战》，唱出了当年冀中抗日根据地军民团结抗日的智慧与创造。河北省正定县曲阳桥乡高平村的地道战，以历时长、战斗多、规模

大、设施全著称，有"地上一个高平村，地下一个高平村"之说。1942年，党支部书记兼民兵队长刘傻子组织民兵大挖地道，历时1年，动土10万余方，形成了全长数十里、干线支线与各家相通的地道连环，每个地道口均有民兵把守，能打能防、能攻能守。地道挖成后，高平村军民粉碎了日伪军5次大围剿，毙伤敌人2240多名。抗日战争时期，我们党提出和实施持久战的战略总方针和一整套人民战争的战略战术，敌后根据地军民广泛开展伏击战、破袭战、地雷战、地道战、麻雀战等游击战的战术战法，使日本侵略者陷入了人民战争的汪洋大海之中。历史告诉我们，人民战争蕴含着无比强大、不可战胜的力量。今天，尽管时代背景和战争条件发生了深刻变化，但战争的物质基础由人民群众生产提供，兵员由人民群众补充，战斗力的发挥有赖人民群众的支持和参与，民心向背从根本上决定战争胜负，这些都没有变。所以说，不论形势如何发展，人民战争这个法宝永远不能丢。

地道战

收藏于中国国家博物馆的油画《地道战》

信息化战争为实行人民战争提供了广阔舞台。信息化战争具有平战一体、前后方一体、军民一体的显著特点。平战一体，有利于平时厚植战争潜力，把经济实力、国防实力和民族凝聚力转化为应对危机和战争的战略能力；前后方一体，战场空间多维拓展，为人民群众参战、开展多种形式斗争提供更广空间；军民一体，可以最广泛地组织和发动人民群众，充分运用蕴藏在民众中的各方面力量特别是专业技术力量，为战争提供科技和智力支持。新冠肺炎疫情发生以来，我们党坚持人民至上、生命至上，紧紧依靠人民，团结带领全党全国打响疫情防控的人民战争、总体战、阻击战，疫情防控取得重大战略成果。2022 年 3 月以来，经过全国上下勠力同心、并肩作战，我们经受住了武汉保卫战以来最为严峻的防控考验，取得了阶段性成效。在吉林，共有 9 个省份的医务和防疫人员 2500 人驰援，军队卫勤力量派出 480 名医疗队员、累计收治患者 3300 余人。在上海，22 个省份 3 万余名医务人员和重症专家、军队医疗队 5000 余人前来支援，来自四面八方的建设者们废寝忘食，创下争分夺秒的"方舱速度"。抗疫斗争中，全方位的人力组织战、物资保障战、科技突击战、资源运动战，充分彰显了蕴藏在人民群众中的磅礴力量，也更加坚定了我们发挥人民战争伟力、打赢信息化战争的信心决心。应对信息化战争，我们最大的优势还是人民战争，敌人最害怕的也是我们进行人民战争。要深刻把握人民战争的新特点新要求，创新发展人民战争战略战术，创新内容和方

2022 年 4 月 3 日，军队抽组卫勤力量支援上海市做好疫情防控工作。图为运—20 等飞机搭载抗疫人员物资飞抵上海

式方法，使人民战争这一制胜法宝在新的时代条件下焕发出强大威力。

● **要论选读**

　　习近平：《努力建设高水平军事科研机构　为实现党在新时代的强军目标提供有力支撑》，《人民日报》2018 年 5 月 17 日。

● **相关阅读**

　　《加快发展现代军事科学》，《解放军报》
2018 年 5 月 17 日。

　　《照耀强军征途的时代灯塔》，《解放军报》
2020 年 8 月 28 日。

6

强军路上的"新番号"

——怎么看加快军队组织形态现代化

　　仲夏时节，陆军某空中突击旅，一场空地一体作战演练在"一树之高"激烈展开。地面侦察分队潜入作战地域，用激光为武装直升机火力突击指引目标；突击步兵在空中护航编队掩护下，搭乘运输直升机潜入战场，地面兵种和空中兵种在建制内组合、体系内释能，展现出一幅幅快速机动、立体攻防的战斗画卷。随着国防和军队改革的深入，"空中突击旅"、"航母编队"、"无人机部队"、"联勤保障旅"等我军历

直击演训场·走近空中突击旅

空中突击旅：创新训战模式，铸造胜战之翼

史上不曾出现过的新名词，陆续加入人民军队的战斗序列，军队组织形态实现革命性、整体性重塑，为国防和军队现代化向更高层次迈进奠定了基础。

🚩 为什么说没有军队组织形态现代化就没有国防和军队现代化？

世界历史上曾经有一支令人闻风丧胆的精锐骑兵部队，西方史书称之为"马木留克兵"。一张强弓、一支长矛、一匹阿拉伯战马和一柄大马士革弯刀，使他们在近距离格斗中几乎势不可挡。公元 13 世纪，蒙古铁骑先后发动了 3 次大规模西征，一路横扫欧亚、所向披靡，却在 1260 年 9 月的阿音扎鲁特战役中，被马木留克兵打败。历史的长河跨过五百多年，在 1798 年 7 月的舒卜拉基特和因巴拜战役中，马木留克兵完败于拿破仑的法国骑兵，从此退出世界军事舞台。为什么曾经不可一世的劲旅会惨遭全军覆没？一个重要原因是法国骑兵善于协同作战，并充分发挥"龙骑兵"的火力优势，抵消了马木留克兵的单兵格斗优势。马克思曾经深刻指出，"一个骑兵连的进攻力量或一个步兵团的抵抗力量，与单个骑兵分散展开的进攻力量总和或单个步兵分散展开的抵抗

图为苏联电影《马木留克》中法军与马木留克骑兵混战的场景

力量的总和有本质的差别"。这个本质差别，关键在于组织协作能力的高低，归根结底就是军队组织形态的差别。军队组织形态是军队体制编制、规模结构、运行机理、政策制度的表现形式和运行状态，深刻影响和制约着军队整体作战效能发挥。没有组织形态的优势，即便技术、武器再先进，也难以获得制胜的优势。

　　一支现代化的军队，组织形态一定是现代化的，并随着战争形态、作战方式的变化而变化，随着国家战略需求、军队使命任务的变化而变化。1948 年 9 月，党中央在西柏坡召开政治局扩大会议，决定对人民解放军进行正规化建设。毛泽东同志指出："我们现在军队的编制是五个第一纵队、第二纵队、第三纵队……五个地区都是相同的番号，碰到一块就发生困难"，"有计划地走向正规化完全必需"。由此，野战部队实行正规编制，"纵队"改为"军"。 1985 年百万大裁军时，按照精兵合成、质量建军的方针，将以步兵为主的"军"，升级为多兵种合成的"集团军"。2016年启动的军队规模结构和力量编成改革，陆军原有 18 个集团军整合重组为 13 个集团军，统一实行"军—旅—营"体制，充实

知识链接

1948 年中央军委
《关于统一全军组织及部队番号的规定》

　　1948 年 11 月 1 日，经过党中央批准，中央军委发出《关于统一全军组织及部队番号的规定》，对全军的组织编制、番号作了统一规定：野战部队的纵队改称为军，军以上设兵团、野战军两级，军以下各级一般按三三制编组，原来的旅一律改为师；野战军可编特种纵队，统率所属的炮兵、坦克兵、工兵等部队。全军共分为西北、中原、华东、东北 4 个野战军。

兵种作战力量，减少指挥层级，降低合成重心，极大提高了合成化、模块化程度，提高了作战编组和运用的灵活性。现在，合成部队成为陆军主要作战力量，重型、轻型、空突、山地、两栖等多类新型合成营嵌入陆军作战体系，实现了作战指挥多源感知，作战要素高度融合，作战空间向多维拓展。由此可见，军队组织形态现代化，在整个军事力量建设中扮演着"要素集成器"、"时代同步器"的双重角色，具有体系优化甚至重构的独特功能。军队组织形态现代化是一个动态发展的过程，必须紧紧围绕部队备战打仗现实需要，不断完善和创新军队指挥体系、管理体系、力量体系、制度体系，进一步解放和发展战斗力，进一步解放和增强军队活力，为建设巩固国防和强大人民军队、赢得军事竞争优势提供有力支撑。

🚩 为什么要构建顺畅高效的联合作战指挥体系？

英阿马岛战争是第二次世界大战后在大西洋上的一次大规模的海空作战，历时 74 天。图为英国"谢菲尔德号"驱逐舰被阿方发射的飞鱼导弹击中起火

军队要能打仗、打胜仗，指挥是一个决定性因素。1982 年的英阿马岛战争，阿根廷军队虽占尽天时地利，但战场优势并没有向他们倾斜，一个重要原因是阿军在联合作战指挥上出了问题。阿军的联合参谋部，理论上负责协调指挥三军行动，实际上联合

计划需经三军批准，所需兵力需向三军申请。军种之间协同不畅，没有组织一次海空联合行动。"兵之胜负，不在众寡，而在分合。"现代战争中，作战指挥的战略性、联合性、时效性、专业性、精确性要求越来越高，必须坚持联合作战统一筹划、统一指挥大方向，着力加强联合作战指挥体系和能力建设。

战争既是双方物质力量的比拼，也是主观指导和指挥艺术的较量。指挥对抗在现代战争中的地位作用空前上升，建立扁平高效的指挥体制特别是联合作战指挥体制，是世界新军事革命的重要内容，也是适应当今世界战争法则的必然要求。当前，世界主要国家军队普遍建立各具特色的联合作战指挥体制，打造现代化的联合作战指挥机构，积极谋求作战指挥优势。实践告诉我们，畅通联合作战指挥体系，既要确立联合制胜的作战理念，又要调整优化联合作战指挥机构；既要健全完善联合的法规制度，又要培塑力联心合的联合文化，推动从"浅联"走向"深联"、"形联"走向"神联"。

夺岛之战——回望英阿马岛战争

早在 20 世纪 80 年代，我军就开始了联合作战指挥体制的探索，积累了一些经验。2003 年军队精简整编，我军设立联合作战指挥机构。这一轮改革，着眼确保军委高效指挥军队，组建军委联合作战指挥中心，重新调整划设五大战区，健全战区联合作战指挥机构，将战区作为本区域、本方向唯一最高指挥机构，赋予战区对辖区任务部队指挥权责，从体制上实现军委对全军部队集中统一指挥、实现诸军兵种力量联合运用。改革效能已经在应对国家安全威胁、日常战备值勤和抗洪抢险救灾、抗击新冠肺炎疫情中得到释放。2021 年 8 月，"西部·联合—2021"演习在陆军

在"西部·联合—2021"演习中，炮兵群实施集火打击

青铜峡合同战术训练基地举行，参演兵力1万余人，投入多型飞机、火炮和装甲装备同台合练，演绎出一场现代化联合作战。此次演习构建导演部、联合指挥部、参演部队三级组织指挥体系，最大限度聚合指挥资源，大大提高了联合筹划效能。当前，无论是国家安全形势的复杂严峻，还是最新战争实践的警示镜鉴，都迫切要求加快构建顺畅高效的联合作战指挥体系，加紧完善指挥运行机制，加速发展先进指挥手段，全面贯通指挥链到作战单位、武器平台的"最后一公里"。

为什么要推动部队编成向充实、合成、多能、灵活方向发展？

"韩信点兵，多多益善。"在人类战争史上，很长时期内兵力规模是军队主要优势所在。20世纪爆发的两次世界大战，在第二次工业革命加持下，军队数量规模更是走上巅峰。第二次世界大战，英军最高兵力 465.3 万、德军 1020 万、苏军 1136 万、美军 1212.4 万，战场上普遍采取重兵集团重火力集群的力量结构，一次战役参战各方投入兵力最多时达上百个师。20 世纪下半叶，以原子能技术、电子计算机技术、航天技术等为代表的科技革命和产业变革浪潮汹涌澎湃，战争制胜模式出现重大拐点，从重兵集团、以量取胜模式向精兵作战、精兵制胜模式演进，军队建设也随之由数量规模型向质量效能型、人力密集型向科技密集型深刻转变。

纵观世界主要国家，模块化编组、积木式组合、任务式联合是部队编成调整的大方向。2003 年在伊拉克战争中，美国陆军第四机械化步兵师，作为美军唯一一个数字化步兵作战师，当它到达战场时，仗却基本打完了。这个当时世界上数字化程度最高的陆军师，其中 2 万名士兵和大量的重型装备，需要 60 艘大型运输船装载，从拔锚起航到抵达红海，再到波斯湾、伊拉克南部登陆，花费了数周时间，以至于失去了在战场上一展身手的机会。这使得美军认识到部队"瘦身"势在必行，之后他们推进模块化改革，把旅级战斗队作为遂行作战任务的主力。俄军结合现代陆军发展潮流，吸取 2008 年俄格冲突等经验教训，实行"营级战斗群"这个特殊的合成作战编制。通常 1 个战斗群总兵力约 1200 人，以 1 个机械化步兵营为主体，加强 1 个自行火炮营、1 个火箭炮连、1 个坦克连等，配属侦察、防空、电子、后勤、通信等力量，实现重火力装备、高素质人才的集中使用，成为部队作战的拳头突击力量。同时也要看到，兵无常势、水无常形，部队的

体制编成不可能一成不变。近年来，一些国家探索对部队编成进行调整，一个重要目的是为了更好地适应不同作战对手、不同任务目标、不同战争环境。

精兵作战、精兵制胜，关键在一个"精"字。2017 年 4 月，在亚丁湾海域发生了一场惊险的营救行动。一艘图瓦卢籍货船遭到持枪海盗劫持，参加第 25 批护航的玉林舰接到命令后，快速机动至事发海域。16 名特战队员在直升机掩护下挂梯登船、破障突击，逐个房间进行搜索。2 名队员发现海盗后，其

获救的船员对中国海军的营救行动表示感谢

他队员立即支援，母舰副炮迅速调整射击角度，直升机迅速飞至最佳火力支援点。十几秒对峙后，海盗放弃抵抗，被全部抓获。一名特战队员说："我们常常要孤胆作战，但实际上并不孤单。天上的卫星、海上的舰队、空中的战机，都是我们的坚强后盾。"现代战争是体系支撑下的精兵作战，体系是精兵的"幕后力量"，精兵是体系的"放电尖端"。"精"意味着充实而不臃肿，合成而不分散，多能而不单一，灵活而不迟钝。聚力打造精锐之师、形成精锐战力，是构建现代军事力量体系的必然要求，必须大力推动作战力量体系变革，在优化结构、创新运用、提升能力上下功夫，打造具备多种能力和广泛作战适应性的部队。

强军一席话（第二辑）精兵作战 精兵制胜

● **要论选读**

习近平：《全面实施改革强军战略》，《习近平谈治国理政》第二卷，外文出版社 2017 年版。

● **相关阅读**

《新征程上，必须加快国防和军队现代化》，《人民日报》2021 年 7 月 9 日。

《人民军队实现整体性革命性重塑》，《人民日报》2021 年 12 月 29 日。

7

探秘"刀尖舞者"的成长

——怎么看加快军事人员现代化

为战育人 聚焦未来海天战场培养战斗员

天边传来轰鸣声，一架架歼—15舰载机出现在预定空域，随着拉动弓弦般的脆响，机腹后方的尾钩精准地钩住了拦阻索，在甲板上划出一个巨大的"V"字，又一批年轻的飞行员顺利通

海军航空大学成功探索出"改装模式"和"生长模式"双轨并行的舰载机飞行员培养格局，为航母培育更多"飞鲨勇士"。图为该校舰载机飞行教官群体

过着舰资质认证。航母舰载机飞行员被誉为"刀尖上的舞者"，海军航空大学舰载机飞行教官群体坚持为战育人、为国砺剑，用青春、热血乃至生命打造出舰载机飞行人才培养的"中国样本"。这是我军新时代人才强军实践的一个生动缩影。强军之道，要在得人。党的十八大以来，党中央和中央军委审时度势、统揽全局，实施人才强军战略，加强军事人员现代化建设布局，我军人才工作面向未来、一体推进的良好态势逐步形成，为迈向世界一流提供坚强人才保证和智力支持。

为什么说军事人员现代化是国防和军队现代化的核心支撑？

人才是第一资源。我军之所以能够不断发展壮大，完成党在各个历史时期赋予的使命任务，一个很重要的原因就是重视人才培养。革命战争年代，军队人才工作聚焦一切为了前线、一切为了胜利，依托战争实践，培养了一大批听党指挥、能征善战、英勇不屈的军事人才和英模人物。1942年，曾就读于上海同济大学的程望，被任命为新四军第一师军

新四军军工人员白手起家，在战斗中学习成长，克服重重困难制造出迫击炮、枪榴弹、平射炮等武器和弹药，为抗战胜利作出极大贡献。图为新四军修械所工作场景

工部部长。他克服了许多难以想象的困难，研制出具有曲射、平射两种功能的"程氏迫击炮"，在对日作战中令日军瞠目结舌，竟然被误认为是"俄国造的新式武器"。在长期探索实践中，我军走出了一条具有中国特色和我军特点的人才建设之路，形成了体现人民军队性质宗旨、符合党情国情军情实际、契合人才成长规律的特色优势。

人才是推动我军高质量发展、赢得军事竞争和未来战争主动的关键因素，对实现党在新时代的强军目标、把我军全面建成世界一流军队具有重大现实意义和深远历史意义。在国防和军队现代化进程中，军事人员现代化是最具活力和支配力、变革力的主体要素，其他要素的实现程度都有赖于主体要素的发挥。谁能在人才竞争上占得先机，谁就能赢得更大的战略主动；谁能拥有人才上的优势，谁就能取得实力上的优势。全面推进军事人员现代化的过程，实质上是把人力资源转化为人才资源、把人的数量优势转化为质量优势的过程，是以人才优势赢得竞争优势、发展优势的过程。

在现代战争中，没有人才、人才不足、人才质量不高，是打不了胜仗的。军事领域是竞争和对抗最为激烈的领域，竞争、对抗的背后主要是人的比拼。随着战争形态加速向信息化智能化演变，作战方式由"以物释能"向"以网聚能"、"以智驭能"转变，正在革命性地改变人在战争中的赋能方式和运用模式，对军事人才的战略思维、科技素养、联合意识等能力素质要求越来越高。以陆军合成步兵营为例，就有数十种专业、百余个岗位，就像一台结构精密的机器，每一类人才都不可或缺，都发挥着重要作用。

人工智能、大数据、物联网等技术正在加速运用于军事领域，谁能拥有更多驾驭这些技术的军事人才，谁就更有可能赢得未来军事对抗的战略优势

人才之于现代战争，犹如舰之龙骨、马之缰绳，人才培养是"最艰巨的战争准备"。我们要着眼能打仗、打胜仗，把培养德才兼备的高素质、专业化新型军事人才作为重要战略课题，加强人才工作战略布局，创新人才培养模式，全方位提高人才培养质量，提高备战打仗人才供给能力和水平，确保我军人才能够驾驭现代战争、有效履行新时代使命任务。

为什么要把"四类人才"培养作为重点突出出来？

国以才兴，军以才强。2021年11月，中央军委人才工作会议召开，立起了锻造新型军事人才的新目标、新愿景、新格局，发出了打好人才攻坚仗、主动仗的动员令。2022年1月，中央军委印发《关于加强新时代军队人才工作的决定》，对加强新时代

軍營理論熱點
怎麼看
2022

军队人才工作、实施新时代人才强军战略作出系统擘画和战略安排。特别是同步印发相关配套政策措施中，针对联合作战指挥人才、新型作战力量人才、高层次科技创新人才、高水平战略管理人才的特点和建设现状，从加速锻造、超前预置、特别扶持、复合培养等方面，拿出了许多创新性的管用办法。培养这"四类人才"，体现当前备战打仗的急需，推动人才培养供给侧同未来战场需求侧精准对接，标志着我军对新型军事人才培养的规律性认识达到了新的高度。

联合作战指挥人才是联合作战指挥体系的主体，是组织指挥联合作战行动的关键力量。现在我军已经建立军委和战区两级联合作战指挥机构，但真正精通联合作战指挥的人才还不是很多，"两个能力不够"、"五个不会"等问题还不同程度存在，加快联合作战指挥人才培养成为重中之重、急中之急。在国防大学联合作战指挥培训班教学计划中，最核心

国防大学学员赴军兵种部队参观见学，进一步提升联合素养

的专业课就是《战区联合作战指挥》，一场场带实战背景的联合战役被转换成精研细训的筹划演练，将学员的战争思维串联成一场场"头脑风暴"。培养联合作战指挥人才，必须瞄准强敌对手、紧盯高端战争，以军兵种前端培养为基础，以联合岗位实践锻炼

为关键，以优先使用为导向，完善培养选拔机制，锻造大批懂作战、善指挥、会联合的优秀人才。

新型作战力量人才是战斗力新的增长极，是未来胜战的"台柱子"。当前，以新一代太空、网络、智能、深海、生物等为代表的高新技术群，使战场空间向新型领域拓展，对人才需求迅猛增长。2022年6月，"智能战鹰"陆军第二届无人机专业定向培养军士技能竞赛在某训练场举行，数百名参赛人员在实战背景下开展激烈较量，在无

陆军第二届无人机专业定向培养军士技能竞赛现场

人作战领域为部队预置了一批专业力量。培养新型作战力量人才，必须紧盯短板弱项，聚焦重点领域，超前筹划、前瞻布局、体系设计，广泛吸收各类新域新质人才，走开常态化迭代升级的人才培养新路子。

高层次科技创新人才是强军事业的中坚力量，是国防和军队建设的宝贵战略资源。具有战略性、前瞻性眼光的科技人才，往往能够引领解决带根本性的重大问题。在两次世界大战期间，135名诺贝尔奖自然科学奖得主先后参与军事工程研究，直接推动潜艇声呐、雷达等重大科技成果的诞生，对战争结局产生重大影响。1956年，钱学森在我国关于先造飞机还是先造导弹的战略选择上，得出"导弹可以取代飞机"的结论，"争气弹"一举

"两弹一星"精神：撑起民族不屈的脊梁

奠定了我国大国地位。正是一代代军事科技人员矢志报国、献身国防，追求卓越、勇攀高峰，托举起科技强军的时代伟业。培养高层次科技创新人才，必须遵循战斗力生成规律、科技创新规律、人才成长规律，紧紧抓住"创新"与"人才"一体两面的相互作用，激励科技人员大胆干、放心干、放手干，激活科技强军的一池春水。

高水平战略管理人才是军队未来蓝图设计重要参与者，是国家之间长期竞争博弈的制胜关键。军队战略管理，站的是顶层、谋的是全局、管的是长远。在我党我军历史上，聂荣臻同志主持制定"十二年科技发展规划"、创造性提出"科研十四条"和技术与行政"两条指挥线"，抗美援朝战争中洪学智同志协助彭德怀同志建立现代化后勤保障体系、构筑起打不烂炸不断的钢铁运输线等，都是战略管理杰出之作。培养高水平战略管理人才，必须更新管理观念，增强战略方向的判断能力、战略环境的适应能力、战略决策的筹划能力、战略实施的监督能力，全面培养锻造具有全局视野、善于战略谋划、精通现代管理的明白人。

知识链接

"科研十四条"

1961 年 7 月 19 日，党中央发出《关于自然科学研究机构当前工作的十四条意见（草案）》，强调对待知识、知识分子问题上的片面认识和简单粗暴的作风必须纠正，在学术研究工作中必须坚持"百花齐放、百家争鸣"的方针。"科研十四条"的制定和执行，调动了科学技术工作者的积极性，密切了党和知识分子的关系，对团结广大科技人员，改进研究机构的工作秩序，提高科研水平，加快出人才出成果，起到了有力的促进作用。

为什么说人才是培养出来的更是用出来的？

新中国成立之初组建海军，党中央决定肖劲光同志担任海军司令员。他毫无思想准备，向毛泽东同志坦率地说："我是个'旱鸭子'，哪能当海军司令？"毛泽东同志早有准备，笑着回答说："我就看上了你这个'旱鸭子'，让你去组织指挥，又不是让你天天出海。"肖劲光同志边干边学，使我国海军从无到有、迅速壮大。1955年，年轻的海军部队协同陆军、空军，首次对近沿海岛屿的国民党部队实施联合作战，成功解放一江山岛。坚持在战争中学习战争，是我军的一条重要制胜经验，人才是在战争实践中打出来的。现在，我军多年没有打仗了，必须回答好长期和平环境下如何培养军事人才这个重大课题。

一江山岛战役示意图

"关于职业规划，你最关心什么？"这是某部《干部个人发展意向表》上的一个问题，近九成填写者的答案与"清晰的职业发展路径"有关。军事人才的成长，需要经过阶梯式、递进式的培养和历练，不同的岗位可以练就多样的本领，不同的领域会有不

73

军事人才在练兵一线摔打历练

一样的收获。新的军官制度根据备战打仗和军官职业发展需要，体系设计军官交流的形式及功能作用，把组织按路径选拔培养、军官按路径成长发展衔接起来，持续激发军官在不同领域有序发展的动力。

人才成长起来了，培养出来了，关键还是要用。用好用活各方面人才，做到用当其时、用其所长，就能够使人才源源不断地涌现出来，聪明才智和潜能最大限度地释放出来。有学者对1500年—1960年全世界1249名杰出自然科学家和1928项重大科学成果进行统计分析，发现自然科学发明的最佳年龄区是25—45岁，峰值为37岁。一般而言，人才的成长可分继承期、创造期、成熟期和衰老期4个时期，创造期是贡献社会最重要的时期，这也是用当其时的"黄金期"。以国防科技大学为例，全校20多个国家和军队级科技创新团队，中青年骨干挑大梁、唱主角，推动人才队伍建设梯次衔接、薪火相传。各级只有树立强烈的人才意识，把人才配置到最适合的岗位，才能发挥出人才的最大效能。

🌱 为什么说军士队伍是部队中非常基础的骨干力量？

"你好，军士！再见，士官！"经习主席批准，中央军委印发《军士暂行条例》以及相关配套法规，自 2022 年 3 月 31 日起施行。这些法规文件是深入实施新时代人才强军战略的重要举措，标志着我军军士制度改革迈出了新的坚实步伐。从士官到军士，一字之差，意蕴深刻。军队的基础在基层，基层的主体在士兵，士兵的中坚在军士。军士是我军数量最多、分布最广、扎根一线的人才群体，在部队备战打仗、技术保障、组训施训、教育管理中担负着重要职责任务。着力打造高素质、专业化新型军士队伍，对于建强军队建设和军事斗争准备的基础骨干力量，推进军事人员现代化，具有重要意义。

"我真是艇长……"说话的军人是南部战区海军某作战支援舰支队某艇艇长、一级军士长王群锋。改革前，他只是一名普通军士，如今却成了艇上军官的上级。这一轮改革，将军士分为管理军士和技能军士，一些原来由军官担任的岗位改由军士担任，军士参谋、军士分队长、军士教员等一批"军士 +"相继出现，进一步推动军士队伍的职责使命、发展空间和地位作用发生历史性转变，"铁打的营盘"正在精心打造"铆钉的兵"。

在陆军某远程火箭炮营，电气工程师式的炮长、信息工程师

式的炮手成为克敌制胜的"尖刀";在空军某地空导弹旅,一批专业素质过硬的军士进入"技术专家组";在火箭军某导弹旅,军士担任发射架指挥长。这些都说明,我军独当一面的专家型军士越来越多,"兵教头"作用发挥更加凸显。他们身处一线、身在兵中,同士兵接触最直接,在"兵管兵"、"兵育兵"中发挥着重要传帮带作用,是联系军官和义务兵的"桥梁"、"纽带",是基层全面建设的

火箭军某部军士指挥长方阵成为托举长剑飞天"主力军"。图为军士发射架指挥长帮带号手

"酵母"和"种子"。把这支队伍锻造坚强了,就能带出更多素质过硬的精兵尖兵,强军兴军就有稳固的基石。

决胜"明天的战争",就要预先谋划"军士的战争"。现代战争是体系支撑下的精兵作战,基本作战单元更加精干化、模块化、多能化,很多情况下战场上唱主角的已不再是整建制的部队,而是模块化的小分队,班组的地位作用明显提升。纵观近年来世界发生的几场战争,集指挥、战术、技术、特战等多种技能于一身的"末端指挥员"——高素质军士,越来越成为战场的主角。从士官到军士,最深刻的转变是向未来战争的聚焦和职能使命的升级,必须大力培育一支本领过硬、技能精湛、作风顽强的军士队伍,让他们真正成为战场兵锋对决时最坚实的"战斗部"。

🍄 为什么说文职人员是现代军队的重要人力资源？

这是一份亮眼的成绩单：2018 年至今，全军已面向社会招录补充 5 万余名文职人员，其中硕士研究生以上学历的占 27%，毕业于"双一流"建设高校或建设学科的占 33%。全军现有文职人员中，1300 余人次获国家、军队科技进步奖，9400 余人获三等功以上奖励。海军文职人员先后 400 余人次参加亚丁湾护航、中外联演、抗击疫情、援外医疗等重大任务。实践证明，改革重塑后的文职人员队伍政治可靠、素质过硬、作风顽强，与现役军人各展所长、互为支撑，对于精干作战力量、优化保障力量、建强整体力量具有十分重要的作用，切实达到了延揽社会优秀人才为军队建设服务的目标。

随着军事技术发展加速，军队体制编制调整优化，文职人员在军队建设中的重要作用日益凸显，合理使用文职人员成为普遍趋势和共同选择。目前，世界主要国家军队文职人员遍布许多部门和岗位，很多勤务保障人员都可由文职人员担任，数量一般都在现役员额的一半以上。文职人员是现代军队建设和作战不可或缺的重要力量，具有专业能力优势，能够为军事战略、运筹谋划、组织计划提供决策辅助和智囊服务，为军队科学

联勤保障部队某部邀请文职人员典型与新招录文职人员交流建功军营心得，勉励她们扎根岗位、建功立业

研究、技术创新、人才培养等提供智力支持。文职人员的使用，能够将现役人员从大量军民通用、不直接参与一线作战行动的岗位上解脱出来，使他们专注作战、专谋打赢，更好地提高军事职业素养和军队战斗力。

身披"孔雀蓝"，奋进强军路。我军建立实施文职人员制度，不仅有利于官兵集中精力提高军事职业素养，而且有利于优化军队人员构成，节约军队人力资源成本。2017年，国务院、中央军委颁布实施新修订的《中国人民解放军文职人员条例》；2018年，全军首次面向社会公开招考文职人员；2019年，首次组织现役士兵转改文职人员工作；2020年，面向博士招考文职人员岗位首次可以免笔试直接参加面试；2021年，文职人员制度被写入新修订的《中

全军面向社会公开招考文职人员，广泛延揽社会优秀人才为军队服务

华人民共和国国防法》……我军文职人员队伍建设扎实推进，一批批文职人员犹如新鲜血液注入军队日益强健的肌体，在本职岗位上担当重任，在重大任务中表现出色。开创强军伟业，必须聚天下英才而用之。各级都要牢固树立大人才观，拓宽选才视野、打破体制壁垒、消除政策障碍，最大限度把知识精英、技术精英、管理精英集聚到强军旗帜下。

● 要论选读

　　习近平：《深入实施新时代人才强军战略》，《习近平谈治国理政》第四卷，外文出版社 2022 年版。

● 相关阅读

　　《强军之道　要在得人——全军在习近平强军思想指引下推进人才工作创新发展综述》，《解放军报》2021 年 11 月 26 日。

　　《增强深入实施新时代人才强军战略的使命感和紧迫感》，《解放军报》2021 年 11 月 29 日。

8

大国重器"中国造"

——怎么看加快武器装备现代化

歼—20用上了"中国心"

2021年底,《解放军报》"年度十大国际军事新闻"出炉,其中"中国军队武器装备建设实现跨越式发展"高居榜首。长征18号艇、大连舰、海南舰集中交接入列,歼—16D飞机、无侦—7飞机等武器装备首次亮相中国航展……大批新型武器装备密集列装部队,是加快武器装备现代化的一个剪影。"器械不精,不可言兵。"武器装备是军队现代化的重要标志,是军事斗争准备的重要

歼—16D飞机

无侦—7飞机

基础。只有把武器装备建设搞得更好一些、更快一些，国家安全才有坚实保障，民族复兴才有重要支撑。

🚩 为什么说武器装备是军队现代化的重要标志？

非洲南部罗克渡口，一组又一组土著祖鲁人，手执长矛、牛皮盾，高呼战斗口号英勇冲锋；占据渡口的英军士兵，举起马蒂尼—亨利来复枪，有条不紊装弹、齐射。这是 1879 年 1 月，4000 余人的祖鲁军队为守卫家园，与 140 余人的英国殖民武装进行的一场战斗。祖鲁军队久攻不克、被迫撤退，武器装备落后于对手是其战斗失利的一个重要原因。正如恩格斯所说，"暴力不是单纯的意志行为，它要求促使意志行为实现的非常现实的前提，特别是工具"。作为战争的"工具"，武器装备的发展水平很大程度上决定着军队战斗力的强弱，反映着军队现代化的程度。武器装备上存在代差，仗就很难打了。

回顾我军历史，从抗日战争到解放战争再到抗美援朝战争，我军虽然用落后的武器装备抗击了日本侵略者，用小米加步枪打败了飞机加大炮的国民党军队，用"钢少气多"战胜了武装到牙齿的美国军队，但因为武器装备不如人，也付出了巨大的牺牲和代价。正是基于此，抗美援朝战争还未结束，老一辈革命家就领导创建导弹、航空、船艇、电子、核武器等科研院所和试验基地。经过几代人艰苦探索创新，我国相继攻克了一大批高精尖技术，研制出一大批先进武器装备，国防实力实现质的飞跃。

强军一席话（第二辑）：武器装备是军事斗争准备的重要基础

81

知识链接

十二位中国导弹武器型号总指挥、总设计师首度公开

钱文极，我国第一代地空导弹总设计师，1960 年 5 月任"543"总设计师，1962 年 2 月任红旗一号总设计师，1964 年 4 月任红旗二号总设计师。

徐馨伯，1960 年 12 月任红旗一号总设计师。

陈怀瑾，1964 年 11 月任红旗二号总设计师。

柴志，1980 年 2 月任巨浪一号总指挥，1982 年 2 月任红旗七号总指挥。

耿锐，1979 年 5 月任红旗七号总指挥。

谈凤奎，1994 年 1 月任红旗七号总指挥。

徐乃明，1989 年 10 月任海红旗七号总指挥。

陈国新，1997 年 1 月任海红旗七号总设计师，2000 年 10 月任新型野战武器系统总设计师。

吴北生，1988 年 2 月任第三代防空武器系统总负责人，1993 年 1 月任 B610 总设计师，1996 年 10 月任 B611 总设计师。

沈忠芳，1992 年 1 月任第三代防空武器系统总指挥，1993 年 1 月任 B610 总指挥，1996 年 10 月任 B611 总指挥。

张福安，1992 年 1 月任第三代防空武器系统总设计师。

王国祥，2000 年 8 月任第三代防空武器系统总指挥。

2022 年 3 月 23 日，巴基斯坦在首都伊斯兰堡举行盛大阅兵式，纪念第 82 个"巴基斯坦日"。本次阅兵式的一大亮点，就是从中国引进的歼—10C 飞机惊艳亮相。中国新一代航空主战装备成体系、成建制出口，折射出中国高新武器装备制造水平和竞争优势的跃升。党的十八大以来，从国产航母山东舰入列到福建舰下水，从歼—20 飞机、运—20 飞机正式服役到东风—41 导弹研制成功，一大批"大国重器"加速列装部队，我军武器装备建设实现跨越式发展、取得历史性成就，为提升国家战略能力特别是

福建舰是我国完全自主设计建造的首艘弹射型航空母舰，采用平直通长飞行甲板，配置电磁弹射和阻拦装置，满载排水量 8 万余吨

军事实力提供了坚实物质技术支撑。但也要看到，我军武器装备水平同维护国家安全和发展利益要求相比，同打赢现代战争要求相比，同世界军事强国相比，在很多方面差距仍然比较明显，必须全力以赴加快武器装备现代化，在新的起点上推动我军武器装备建设再上一个大台阶。

🌱 为什么说设计武器装备就是设计未来战争？

潜艇是大家耳熟能详的海战装备，但许多人并不知道，潜艇登上人类战争的舞台是在美国独立战争期间，距今已近两个半世纪。1776 年 9 月 7 日深夜，美国陆军中士埃兹拉·李驾驶"海龟

军营理论热点
怎么看
2022

你所不知道的潜艇
老祖宗——木壳潜
艇"海龟号"

号"木壳潜艇，偷袭停泊在纽约港的英海军"老鹰号"军舰。潜艇引爆炸药桶的巨响，将人类当时的战场空间从陆地、水面拓展到了水下。随着科学技术的发展，蒸汽发动机、蓄电池、内燃机、鱼雷等一系列新技术和装备运用到潜艇中，让潜艇从廉价的"刺客"变成了凭实力说话的"大杀器"。第一次世界大战中，潜艇一战成名，各参战国潜艇共击沉商船 5000 余艘、军舰 150 艘，开启了"潜艇战"的时代。时至今日，潜艇作为大国的深海利刃，不断刷新和重塑着海上的战争面貌。俄罗斯"别尔哥罗德号"特种核潜艇是世界上艇体最长的潜艇，满载排水量 3 万吨，可发射"波塞冬"核鱼雷。2021 年 4 月 23 日，在人民海军 72 岁生日这天，中国海军长征 18 号艇交接入列，彰显了海军主战武器装备性

"别尔哥罗德号"特种核潜艇示意图

能有了新的跃升。纵观世界军事史，那些在"制敌之器"上遥遥领先的军队，往往能够推动战争形态变革、组织形态重塑、战斗力生成模式创新。

古往今来，武器装备"矛"与"盾"的博弈对抗一刻也没有停止。打造更锋利的"矛"、锻铸更坚实的"盾"，是世界主要国家军队的普遍追求，牵引推动武器装备建设发展和迭代更新。这些年，美国退出《反导条约》、《中导条约》，大力发展和前推部署导弹防御系统。对此，俄罗斯等国把研发高超声速武器作为重要的破"防"之策，利用其突防能力强、打击精度高、航行距离

远等特点，压缩对手作出反应时间，降低现有导弹防御系统的有效性。2021 年，俄海军通过护卫舰以及潜艇试射"锆石"高超声速导弹，借此宣称掌握了"全新的非对称破防武器"。2022 年 3 月 18 日，俄军使用"匕首"高超声速导弹，摧毁乌克兰一个地下 150 米深处的大型导弹和航空弹药库，这是人类军事史上第一次高超声速导弹被运用于实战。有军事专家感叹：高超声速武器的新纪元已经来临，它极有可能改写战争攻防逻辑，加速大国军事竞争对抗。

意大利军事理论家杜黑说过："一个想要制造一件好的战争工具的人，必须首先问问自己下次战争将是什么样的。"发展什么武器装备，最根本的是要瞄着未来战争，看是否满足作战需求。一些武器装备研制出来后之所以不好用、不适用，症结就在于对未来作战研究不够深入、不够具体，作战需求提得不清楚、不科学。必须更加积极主动地瞄着明天的战争来加快发展武器装备，做到未来打什么仗就发展什么武器装备，确保研发和生产的武器装备适应能打仗、打胜仗要求，增强武器装备发展的科学性、针对性和前瞻性。

🍀 为什么要构建武器装备现代化管理体系？

能不能发挥好武器装备效能，管理往往起着重要作用。甲午战争中，一位日本军医调查伤兵的枪伤伤口，发现是由多种枪械造成的。这个军医记录道：清军所用武器，从老旧的前装式滑膛

枪，到最新的 8 毫米口径毛瑟连发枪，无所不有。据史料记载，清军军火采购紊乱，陆军装备枪支型号就有 16 种，往往"此营与彼营之器不同"；海军军舰装备有德产克虏伯、美产格林机关炮等，"一艘必有数种"。不少部队经常把枪炮弹药混乱存放，产生"枪与弹不合之弊"，加之士兵平时疏于训练，临战时"信手误携"比比皆是，甚至出现大炮装错炮弹的乌龙事件，导致"虽有利器，俨同徒手"。尽管清政府花真金白银从西方引进了不少先进武器装备，但由于其军事理念、指挥系统、后勤补给等都滞后于时代，"器物"之变并没有能够带来

甲午战争时期清军刘公岛东泓炮台 24 厘米口径克虏伯要塞炮

军队战斗力的实质性跃升。武器装备管理是一项系统工程，涉及从设计到订购，从使用到维护的各个环节，任何一个环节出现问题，都会影响战斗力的发挥。

新型武器装备的科技含量越来越高，结构日趋复杂，系统集成度大，对武器装备管理的要求就更高了。陆军某旅武器装备类型多样、技术复杂，以往武器装备性能数据依托纸质登记本登记，突发故障检修时，记录、查阅信息耗时耗力。该旅探索一体化武器装备保障模式，研究开发出集信息处理、性能评估、智能检修等功能于一体的"装备云"智能系统。值班员通过智能操控，只用 2 分钟就完成武器装备信息核对、状况更新和故障登记统计，明显提升了装备保障效能。

当前，我军武器装备现代化加速发展，跨军兵种、跨领域的

体系化特点日益明显，技术含量越来越高，技术构成越来越复杂，武器装备建设的组织协调、资源分配、系统配套难度越来越大，研制生产、管理保障等都遇到了大量的新问题。这迫切要求加快构建武器装备现代化管理体系，健全与新体制相适应的武器装备建设管理机制和工作模式，推动形成自主创新、自主可控、自主研制与开放交流相结合的武器装备发展格局，提高武器装备建设专业化、精细化、科学化管理水平。

知识链接

《军队装备条例》发布实施

新修订的《军队装备条例》自 2021 年 1 月 1 日起施行。《条例》共 14 章 100 条，按照军委管总、战区主战、军种主建的总原则，规范了新体制新编制下各级装备部门的职能定位、职责界面、工作关系；坚持以战斗力为唯一的根本的标准，明确了体现实战化要求、"战"与"建"有机衔接的工作机制；围绕落实需求牵引规划、规划主导资源配置的要求，完善了装备领域需求、规划、预算、执行、评估的战略管理链路；着眼提高装备建设现代化管理能力，优化了装备全系统全寿命各环节各要素的管理流程；立足破解制约装备建设的矛盾问题，构建了灵活高效、竞争开放、激励创新、规范有序的工作制度。

🌱 为什么要立足现有武器装备打胜仗？

"我们注意到，他们把歼—20 飞得非常漂亮。歼—20 所属的指挥和控制体系让我们印象深刻。"这是 2022 年 3 月 15 日美国太平洋空军司令肯尼斯·威尔斯巴赫在一场线上讨论中，就美

歼—20 飞机

军 F—35 与中国歼—20 飞机在东海上空的"云端相遇"作出的评价。对此，我国国防部新闻发言人回应："近年来，中国军队武器装备建设，包括空军主战装备建设取得长足进步，但还有不少发展的空间，对此中方是有清醒认识的"，"在捍卫国家主权安全问题上，中国人民解放军始终是敢于亮剑、善于亮剑的"。

立足现有武器装备打胜仗，历来是我军的优良传统。在革命战争年代，我军武器装备主要靠土法制造、取之于敌，长期处于"敌优我劣"状态。对于抗美援朝战争，西方一些政客和学者头脑中始终有一个问号，那就是中国军队缺乏后勤保障、空中保障，武器装备是如此之差，但是居然没有"打输"。我军之所以屡屡上演"以劣胜优"的战争活剧，就在于有人民战争的战略战术、英勇顽强的战斗作风和血战到底的英雄气概，无论面对什么样的对手，无论拿着什么样的武器装备，都敢于较量、敢于拼命。历史启示我们，有什么武器装备打什么仗，并且把仗打赢，这是军人的职责，也是对军人意志能力、本领才干的直接检验。

立足现有武器装备打胜仗，要求我们能够大胆操作和熟练使用武器装备，从难从严运用，最大限度发挥武器装备性能，实现人与武器装备的最佳结合。同样一件武器装备，操作者熟练程度不同、能力素养不同，其发挥的效能也不尽相同。信息化智能化武器装备构造更复杂、性能更先进，只有经常在贴近实战的环境中使用，才知道到底好不好用、管不管用，真正让武器装备活起来、动起来，在体系运用中检验性能、发掘潜能。

● 要论选读

　习近平：《全面开创武器装备建设新局面　为实现建军一百年奋斗目标作出积极贡献》，《人民日报》2021 年 10 月 27 日。

● 相关阅读

　《加快推进武器装备现代化》，《解放军报》2021 年 10 月 27 日。

9

"量"与"质"的辩证法

——怎么看积极推动我军高质量发展

这是两条走向截然不同的曲线：世界知识产权组织发布的全球创新指数报告中，中国从 2013 年的第 35 位跃升至 2021 年的第 12 位；国务院新闻办公室发布的白皮书显示，2012 年至 2020 年，我国单位国内生产总值能耗累计降低 24.4%，相当于减少能耗消费 12.7 亿吨标准煤。数据的"升"与"降"，从一个侧面反映了发展质量的不断提高，进一步凸显高质量发展已经成为我国

从进口、仿制到创新、出口，中国盾构机走开了一条逆袭之路，成为国家高质量发展的一张闪亮名片。图为国产最大直径盾构机"京华号"下线

经济社会发展的主题。在国家发展全局中推进国防和军队现代化，要重视"量"的发展，更要重视"质"的提升，必须转变发展理念、创新发展模式、增强发展动能，跑出新征程上奋斗强军加速度，确保高质量发展。

为什么军队建设发展要强调高质量发展？

北京冬奥会期间，首钢滑雪大跳台频频出现在观众视野，运动员们翻转腾挪的优美身姿与背后4个高耸的冷却塔交相叠映，现代与历史的交织与反差，赢得中外媒体和国际官员"时空雪飞天、奥运风向标"等赞誉。首钢工业园跨越百年历史，从1919年建厂，到2008年北京奥运会前夕实施钢铁业搬迁调整，再到这次冬奥会成为充满科幻元素、潮流文化、无人科技的"首都城市复兴新地标"，工业园的蜕变重生，充分体现了绿色、节俭、环保办

运动员在首钢滑雪大跳台参加比赛

奥运的追求，圆满兑现了碳中和的承诺，也成为我国经济社会高质量发展的生动缩影。何谓高质量发展？就是"创新成为第一动力、协调成为内生特点、绿色成为普遍形态、开放成为必由之路、共享成为根本目的"的发展。高质量发展是关系中华民族伟大复兴战略全局的系统性工程，国防和军队建设必须紧紧跟上趟、相

契合，坚定不移贯彻新发展理念，加紧推进"十四五"规划任务落实，推动我军建设发展质量变革、效能变革、动力变革。

推进新时代强军事业，花钱是个不可回避的话题，关键是怎么把好钢用在刀刃上，最大限度地发挥效益。当年我们在十分困难的情况下搞"两弹一星"，通过发挥制度优势，用系统工程的方法组织，花的钱比外国少得多，效率却很高。现在，我军资产体量大、资源投入多，提高管理使用效益是篇大文章，只有健全完善配置科学、运转顺畅、监督有力的新时代军费管理体制机制，才能让有限的财力转化为强大的战斗力。随着国防和军队现代化跨过解决有无、跟随发展的基础积累阶段，到了提质增效、内涵式发展的关键阶段，迫切需要加快推进以效能为核心、以精准为导向的军事管理革命，形成顺畅高效的战略管理闭合回路，推动国防和军队现代化建设跨越式发展。

随着我军职能使命不断拓展，转变军队建设发展方式是大势所趋。2022年年初，南太平洋岛国汤加火山爆发引发海啸，整个国家受损严重，一度"失联"，引起了全世界关注。1月27日早晨，中国空军两架运—20飞机携带33吨应急救灾物资起飞，往

左图为运—20飞机在广州白云机场装载救灾物资，右图为海军舰艇编队抵达汤加努库阿洛法港

返飞行 30 多个小时，航程 2 万多公里；1 月 31 日，中国海军舰艇编队携带一批大件物资出发，历时 50 天、累计航程 1.2 万余海里，高标准完成救援工作。任务部队官兵深有感慨地说："中国是一个负责任大国。国家一诺千金，我们的使命重若千钧。中国军人有和平的愿景，更有守护和平的能力。"适应使命任务的拓展，军队建设就要向质量效能型和科技密集型转变，着力固根基、扬优势、补短板，以建设的"优"支撑能力的"强"。

为什么要形成战建备一体推进的良好局面？

第一次世界大战后，法国为应对德国的入侵威胁，耗费巨资修建了闻名世界的马奇诺防线。这个在人类历史上都堪称宏伟的防御工事体系，包括 5800 个永备工事、142 个要塞、68 个小型多面堡以及 150 多个炮台，由 100 多公里的地下隧道连接起来。法国军政高层信心满满，认为它能应对一切进攻行动。然而，战争并未按照法国人的"剧本"进行，当德国的装甲部队绕过这一防线时，法军措手不及，仅仅抵抗 1 个月就宣布投降。马奇诺防线成为大而无用的代名词，从根子

马奇诺防线由法国耗时 10 余年、花费 50 亿法郎建成，地面部分为机枪工事和火炮工事，地下部分有好几层，包括指挥所、人员休息室、弹药库、过滤通风室等。图为 1939 年 12 月，军队进入用植被伪装起来的马奇诺防线地堡

上说是因为法军固守落后战争理论，导致战备设施建设滞后于战争的发展。历史深刻警示我们，以战领建、以备促建是军队建设发展的必然要求，和平时期如果战建脱节，不仅会造成巨大浪费、贻误备战时机，战争爆发时还将付出惨痛代价。

2022 年央视开年大剧《人世间》热播，剧中人物周志刚奔赴大西南参加三线建设，和工友们在崇山峻岭间拼搏奋斗的场景，一下子将人们带回到那个难忘的峥嵘岁月。20 世纪 60 年代，考虑到当时周边形势日益严峻，中国的工业重心集中在东部大城市，没有可靠的国家战略后方，中央作出三线建设决策。三线建设无论规模还是时间跨度，都是前所未有的，在很大程度上改变了旧中国工业布局不平衡的状况，成功地建设起一个比较完整的国防战略后方，极大地增强了国防实力。当前，我国安全形势不稳定性不确定性较大，必须坚持边斗争、边备战、边建设，各项工作和建设、各方面力量和资源，都要聚焦军事斗争准备、服务军事斗争准备，锻造提升敢打必胜、制衡强敌的实力，做好随时应对

强军一席话（第二辑）大仗小仗都要打保障

> **知识链接**
>
> ## 三线建设成果引人瞩目
>
> 据统计，从 1964 年至 1980 年，国家在中西部安排了 1100 多个大中型建设项目。相继建成成昆铁路、湘黔铁路、襄渝铁路等铁路干线，改变了西南地区交通闭塞落后状况。建设了贵州六盘水、四川宝鼎山等大型煤矿，甘肃刘家峡、湖北丹江口、葛洲坝等大中型水电站，在金沙江边建成"象牙微雕"式的现代化大型企业——四川攀枝花钢铁基地，以及第二汽车制造厂、第二重型机器厂等一大批骨干企业。三线建设使一大批当时属于顶尖的军工企业、国有企业、科研院所来到西部，为西部地区提供了难得的发展机遇。

各种复杂困难局面的准备。

　　全军首批新一代营房亮相了！2021年10月，全军营区"两化"建设试点观摩推广活动在陆军某旅举行。以练兵备战基地化、建设管理标准化为核心的新营区，很多看似寻常的设施都暗含玄机：装载物资的平台高出地面、与车厢齐平，组织装载更加快捷；装备库房采取"大开间、高举架"结构，满足多型装备进驻和装备更新换代发展需求；库存物资按照使用单位分区堆垛、模块存放，实施信息化、智能化管理……入驻新营区后，部队人装快速结合、保障

新型"折装式"营房投入使用，能够保障常态换防、跨区机动、长期驻训等军事任务

设备同步运转，集结出动时间大幅缩短，快速机动能力极大提高。各方向各领域都要强化战建统筹，按照战的需求确定建的规划，以建的质量支撑战的能力，确保各项建设向备战打仗聚焦用力。

🚩 为什么要以对作战体系的贡献率为标准推进各项建设？

　　《淮南子·说山训》中有这样一个故事："有鸟将来，张罗而待之，得鸟者，罗之一目也。今为一目之罗，则无时得鸟矣。"意思是说，捕到鸟的只是网中的一个网眼，但如果只用一个网眼去捕鸟，那就永远捕不到。打仗也是如此。现代战争是体系与体系的对抗，拼的是体系，靠的也是体系。每一种作战力量犹如"一

目"，只有嵌入联合作战体系之"罗"，与其他作战单元和要素相互配合，实现整体联动，才能充分发挥其威力和作用。

现代战争中，作战行动讲究联合性、协调性、整体性，这对成体系筹划和推进军事力量建设提出刚性要求。戴上"金头盔"，是空军歼击机飞行员的共同梦想。"金头盔"对抗空战竞赛考核举办 10 余年来，从"积分制"到"击落制"再到"任务制"，从一对一近距空战到编队之间的近距空战，竞赛考核规则不断调整优化，更加突出按实战环境设置演习条件、按作战进程组织考核步骤、按打仗要求评估作战能力，实现了由多兵机种联合向全过程体系对抗的深刻转变。翻开这几年的全军开训动员令，从"大抓体系对抗训练"到"突出体系练兵"，从"加强新装备新力量新领域训练和融入作战体系训练"到"大力推进体系练兵"，体

在空军战略转型进程中，淬炼出"红剑"、"蓝盾"、"金头盔"、"金飞镖"、"擎电"等实战化训练品牌，推动空军战斗力水平迈上更高层次。图为夺得"金头盔"的飞行员进行训练

系作战能力之重要由此可见一斑。必须进一步强化体系练兵思想，不断整合力量、聚合优势、释放效能，在体系熔炉中锻造精兵劲旅、实现攥指成拳。

● 要论选读

　　习近平：《坚定决心意志　埋头苦干实干　确保如期实现建军一百年奋斗目标》，《人民日报》2021 年 8 月 1 日。

● 相关阅读

　　《完整准确全面贯彻新发展理念》，《解放军报》2022 年 3 月 15 日。

10

靠制度优势行稳致远

——怎么看我们推进的现代化是革命的现代化

1953 年 11 月 28 日晚，毛泽东同志召集周恩来等领导同志，审议讨论全国军事系统党的高级干部会议报告稿。毛泽东同志亲自将原稿中两处涉及我军建设目标的内容，由"最优良的现代化的军队"修改为"最优良的现代化的革命军队"。"革命"二字，标定了国防和军队现代化的性质和方向。现在，一些国家最为忌惮的是我军革命的现代化，在这个根本性问题上，决不能有

铁心向党，矢志不渝

任何动摇和偏移。必须把中国特色社会主义制度坚持和巩固好、完善和发展好，坚持党对军队绝对领导，确保国防和军队现代化建设沿着正确政治方向前进。

🚩 为什么说坚持党指挥枪是我国国家制度和国家治理体系的显著优势？

2017 年 10 月，党的十九大把"坚持党对人民军队的绝对领导"上升为新时代坚持和发展中国特色社会主义的一条基本方略。2019 年 10 月，党的十九届四中全会把"坚持党指挥枪"作为我国国家制度和国家治理体系 13 个显著优势之一，把"党对人民军队的绝对领导制度"上升为中国特色社会主义一项根本制度。历史充分证明，坚持党指挥枪、建设自己的人民军队，是党在血与火的斗争中得出的颠扑不破的真理，具有无可比拟的先进性和优越性。

20 世纪 80 年代末 90 年代初，苏联解体、东欧剧变。由于国际上反共反社会主义的敌对势力的支持和煽动，国际大气候和国内小气候导致 1989 年春夏之交我国发生严重

人民军队是祖国的坚强柱石和钢铁长城

99

政治风波。敌对势力的目的，就是要推翻中国共产党的领导和颠覆我国社会主义政权。当时的斗争惊心动魄，是对党和军队的严峻考验。我们能够坚持住，就是因为军队听党指挥坚持得好，没有被敌对势力拉走一兵一卒。邓小平同志深刻指出："这表明，人民子弟兵真正是党和国家的钢铁长城。这表明，不管我们受到多么大的损失，不管如何更新换代，我们这个军队永远是党领导下的军队，永远是国家的捍卫者，永远是社会主义的捍卫者，永远是人民利益的捍卫者，是最可爱的人！"越是在重大考验面前，越能显现党对军队绝对领导的重大作用。我们只要牢牢坚持党指挥枪，就能"任凭风浪起，稳坐钓鱼船"。

2022年1月，全球知名公关咨询公司爱德曼发布年度"信任晴雨表"报告，2021年中国民众对政府信任度高达91%，蝉联全球第一，达到10年来的新高。是什么让人民对党和政府充满信任？中国外交部新闻发言人给出了答案，"这份信任源于中国共

2021年7月，河南多地遭遇持续强降雨后，驻豫部队争分夺秒投入防汛抢险，尽最大努力保障人民生命财产安全

产党和中国政府担当作为"。新中国成立 70 多年来，快速发展的中国、安全稳定的中国，成为亮丽的国家名片。名片的背后，离不开人民军队的战略支撑作用。在党的领导下，我军先后胜利进行了多次边境自卫作战，捍卫了国家主权和领土完整，捍卫了祖国万里边疆和辽阔海空，维护了国家和民族尊严。广大官兵在抗震救灾、抗洪抢险、抗击疫情、脱贫攻坚等任务中发挥了重要作用。前进道路上，毫不动摇地坚持党对军队绝对领导的根本原则和制度，就能为党长期执政、国家长治久安提供坚强支撑。

🚩 为什么要高度重视维护我国政治安全？

2022 年 4 月 15 日，是第七个全民国家安全教育日。国家安全机关公布了一批危害国家安全的典型案例：某科技公司研发部经理马某某，不仅充当境外敌对势力境内代理人、煽动分裂国家，还成立非法组织，制定"政治纲领"，煽动颠覆国家政权，鼓动学生参与抹黑祖国和民族的活动；有网约车司机以所谓"内幕消息"为诱饵，

向乘客播放邪教宣传音频，国家安全机关顺藤摸瓜，挖出了一个由境外敌对分子牵头组建的邪教宣传联络微信群……一个个案例触目惊心，警示我们维护政治安全须臾不可放松。在国家安全体系中，政治安全是根本，政权安全、制度安全是核心。捍卫政治安全，就是要捍卫中国共产党的长期执政地位，捍卫人民民主专政的国家政权，捍卫中国特色社会主义制度，捍卫我国宪法的权威和尊严。这是党和国家安全的生命线，是不可动摇的底线。

经典论述

习主席关于政治安全的重要论述

▶ 政治安全涉及国家主权、政权、制度和意识形态的稳固，是一个国家最根本的需求，是一切国家生存和发展的基础条件。

▶ 坚持把政治安全放在首要位置，维护政权安全和制度安全，更加积极主动做好各方面工作。

▶ 坚持中国特色国家安全道路，贯彻总体国家安全观，坚持政治安全、人民安全、国家利益至上有机统一，以人民安全为宗旨，以政治安全为根本，以经济安全为基础，捍卫国家主权和领土完整，防范化解重大安全风险，为实现中华民族伟大复兴提供坚强安全保障。

当前，我国面临的政治安全风险考验十分复杂，维护政治安全的任务艰巨繁重。2021年10月，美国中央情报局宣布成立新机构"中国任务中心"，主要职能是"为研究中国问题提供更多资源，更好地调动中情局在世界各地的官员收集信息，对中国进行分析"，以应对美国"在21世纪面对的最重要地缘政治挑战"。长期以来，美西方国家一刻也没有停止对我国实施西化、分化战略，乱我之心、亡我之心不死，加紧对我国进行意识形态渗透，企图策划"颜色革命"。近年来，随着我国的快速发展，有关国家的焦虑感上升，加紧从多方面采取遏制和干扰手段对我国进行打压，特别是企图在党和军队中打开缺口，利用民主、人权、价值观等招牌，通过金钱收买、培植代理人等进行攻心迷魂。他们的真实目的，就是要同我们争夺阵地、争夺人心、争夺群众，

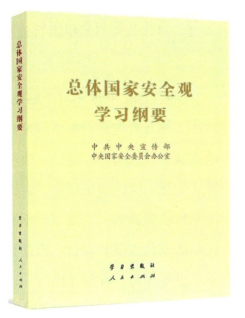

2022年4月，《总体国家安全观学习纲要》出版发行。全书以"十个坚持"为基础谋篇布局，全面系统梳理习主席关于国家安全的一系列重要论述

妄图推翻中国共产党领导和我国社会主义制度。在这个攸关党和国家命运、攸关人民幸福安康的问题上，我们决不能犯政治上的迷糊症。

2022年将召开党的二十大，这是党和国家政治生活中的一件大事。我军是党绝对领导下的人民军队，在维护国家政治安全上具有特殊的地位作用，必须强化政治意识、政权意识，始终坚定政治信念、站稳政治立场、保持政治定力，严守政治纪律和政治规矩，对重大政治原则和大是大非问题敢于交锋、敢于亮剑，对恶意攻击造谣生事的坚决回击、以正视听，确保部队高度集中统一，为维护政治社会大局稳定提供坚强支撑。

🌱 为什么要构建中国特色社会主义军事政策制度体系？

"凡将立国，制度不可不察也。"纵观历史上的强大军队，其背后往往都有着先进的军事制度作保障。我们党始终高度重视军事政策制度。在革命、建设、改革各个历史时期，我们党根据形势发展变化、党的历史使命、人民军队担负的职责任务，根据建军治军特点规律和实践要求，不断调整和完善军事政策制度，为人民军队永葆性质和宗旨、提高打赢能力、不断从胜利走向胜利提供了重要保障。在深化国防和军队改革全局中，军事政策制度改革既是重要内容，又是重要保证，走好这一步很关键。2018年11月，中央军委召开政策制度改革工作会议，对军事政策制度改革作出部署，拉开了全面深化国防和军队改革"第三大战役"的帷幕。军事政策制度调节军事关系、规范军事实践、保障军事发展，对国防和军队建设具有根本性、全局性、基础性意义，关系实现党在新时代的强军目标、把人民军队全面建成世界一流军队，关系全面建设社会主义现代化国家、实现中华民族伟大复兴的中国梦。

这一轮军事政策制度改革，坚持以确保党对军队绝对领导为指向，以战斗力为唯一的根本的标准，以调动军事人员积极性、主动性、创造性为着力点，陆续出台了一系列法规制度，有力促进了我军战斗力建设，为国防和军队现代化建设提供强有力法治保障。目前，已颁布实施《中国共产党军队党的建设条例》、《军队政治工作条例》，制定《中国共产党军队委员会（支部）工作规定》、《中国共产党军队纪律检查委员会工作规定》、《中国共产党军队委员会政法委员会工作规定（试行）》，出台相关配套政策制度，军队党的建设制度更加系统完备。修订施行《中华人民共和国国防法》、《中华人民共和国兵役法》、《中华人民共和国军事设施保护法》、《中华人民共和国人民武装警察法》，制定出台《中华人民共和国军人地位和权益保障法》，为军事活动提供更加坚实的法律支撑。聚焦备战打仗，健全完善联合作战、战备工作、军事训练、后勤装备、军事科研、国

某部军士一家三口高兴地展示他们的保障卡

防动员等领域政策法规，有力促进部队战斗力的生成释放。一揽子实施现役军官管理政策制度，出台官兵期盼的子女优待教育、医疗疗养、随军家属就业等改革举措，军人职业荣誉感和获得感进一步增强。

改革永远在路上。强军兴军新征程上，面对复杂多变形势和艰巨繁重任务，更需要迎难而上、大胆创新，深入推进军事政策制度改革，以制度创造力赢得国防和军队现代化发展竞争力。现在，国家和军队密集出台了许多政策法规，要结合实际抓好法规制度体系的衔接配套和细化落地，特别是要吃透精神实质、把准落实要求，积极学政策、讲政策、用政策，让出台的好政策充分释放效能，进一步解放和发展战斗力，进一步解放和增强军队活力。

● **要论选读**

　习近平：《建立健全中国特色社会主义军事政策制度体系》，《习近平谈治国理政》第三卷，外文出版社 2020 年版。

● **相关阅读**

　《为什么说政治安全是国家安全的根本？》，《习近平新时代中国特色社会主义思想学习问答》，学习出版社、人民出版社 2021 年版。

　《深入把握新时代国家安全伟大成就》，《求是》2022 年第 10 期。

11

从"祝融"探火说开去

——怎么看加快科技自立自强

"其帝炎帝，其神祝融。"《礼记》中提到的"祝融"是中国上古神话中的火神。经过全球 140 万网友投票，中国第一辆火星车以"祝融"命名。2021 年 5 月 22 日"祝融号"到达火星表面，

中国全面开启星际探测新征程

2021 年 6 月 11 日，国家航天局首次公布"祝融号"火星车"着巡合影"等影像图

1年多来高效运行，获取了巡视区域地形地貌影像、行驶路径磁场信息等第一手科学数据。当前，全球科技创新空前活跃，战略高新技术群体迸发，成为推动新一轮军事变革浪潮的强大引擎，只有下好科技自立自强这步先手棋，才能在激烈的国际军事竞争中把握机遇、掌握主动，赢得制胜先机。

🎯 科技之变给现代战争带来哪些新变化？

科技是国之利器，民赖之以富，军赖之以强。科学技术是军事发展中最活跃、最具革命性的因素，每一次重大科技进步和创新都会引起战争形态和作战方式的深刻改变。当前科技呈现裂变式发展态势，在军事领域运用的速度、广度、深度前所未有，谁能把握和引领科技之变，谁就能赢得未来战争主动权。

先进技术突破时空界限，时空特性升值成为战争发展趋势。近些年来，世界主要国家军队加速研发和运用激光武器，这改变了传统弹药的杀伤机理，打击、摧毁目标的时间呈现纳秒化趋势，把对手反应和应对时间压缩到极致。随着定向能技术、动能技术、临近空间技术、高超声速技术等

2021年9月，珠海航展展示了中国航天科工集团研制生产的LW—30激光防御武器系统。该系统具有对无人机等典型目标的硬杀伤能力，兼具光电探测与制导设备软硬杀伤能力，可单车作战或多车组网作战

飞跃式发展和整体性突破，新质武器平台和智能弹药层出不穷，使作战节奏、打击效率呈几何级增长，作战空间日益向太空、近地空间、网络和电磁空间、深海和极地等"全球公域"拓展，推动战争的时空特性和战争时空观发生革命性变化，从根本上改变传统战争攻防格局。

军事智能引发军事领域链式突破，智能化战争初露端倪。2020年3月，在利比亚战场上，1架土耳其军事科技公司生产的"卡古—2"型无人机，在没有接到明确命令的情况下，以自主模式猎杀了1名利比亚国民军士兵。"自主猎杀"无人机的杀伤性和不可预测性，大大超出了人们的想象。有外媒评论称，"终结者"已来，无人系统正在改变战争面貌。人工智能等技术在军事领域的广泛运用，驱动着作战方法和手段发生嬗变，大规模、集群式、高效能的"无人武器"、"无

"卡古—2"型无人机是一款多旋翼无人机，配备激光雷达、可见光相机和红外夜视仪，可依靠面部识别系统自主攻击目标。由于该款无人机体积较小，探测、拦截比较困难

人部队"将蜂拥于未来战场，作战方式将更加呈现出"无人、无形、无声"的特征。智能化作战手段和反智能化作战手段将在对抗中逐渐升级，进而重塑指挥控制、实现智能决策。

随着信息技术快速发展，未来战争将从"云端"打响。大数据被誉为"21世纪的石油资源"，是穿透"战争迷雾"、还原战场态势的一个重要武器。近年来，世界主要国家军队加紧推进

大数据研发，建设战斗指挥信息系统，强化数据处理能力，更好辅助作战决策，确保战场信息主导权。大数据使文字的传递变为数字的丈量，使属性的描述变为图像的复制，使兵力的部署变成"网"和"云"。正是基于大数据、云计算、物联网等信息技术的快速发展，一种被称为"云作战"的全新作战样式应运而生。未来的"云作战"平台，将最大限度地发挥隐身装备、精确打击武器、先进指挥控制系统等的技术优势，成为制胜现代战争的关键一招。

📍 为什么要坚持自主创新的战略基点？

极紫外线（EUV）光刻机被称为"突破摩尔定律的救星"，是现今最先进的芯片制造设备，其核心技术被荷兰阿斯麦公司等垄断。2018年，一家中国公司向阿斯麦公司订购1台极紫外线光刻机，计划2019年交付。然而，由于美国政府一再施压和阻挠，荷兰政府迄今仍未许可该公司向中国出口。2020年，中国科学院将包括光刻机在内的35项"卡脖子"技术清单，作为科研任务清单。现实告诉我们，关键核心技术是要不来、买不来、讨不来的，面对一些国家不断升级的遏制和防范，必须把科技自立自强作为国家强盛之基、安全之要，把科技的命脉牢牢掌握在自己手中，不断提升我国发展独立性、自主性、安全性。国防科技具有更强的对抗性，最可靠的办法就是自力更生、艰苦奋斗，聚力核心技术攻关，大幅提高国防科技自主创新能力，抢占军事科技发展制高点。

科技立则民族立 科技强则国家强

科技竞争就像短道速滑 我们在加速 人家也在加速 最后要看谁速度更快 谁的速度更能持续

要瞄准世界科技前沿 抓住大趋势 下好「先手棋」 打好基础、储备长远

如果我们没有一招鲜、几招鲜 没有参与或主导新赛场建设的能力 那我们就缺少了机会

要把原始创新能力提升 摆在更加突出的位置

我们国家进入科技发展第一方阵要靠创新 一味跟跑是行不通的 必须加快科技自立自强步伐

坚持科技自立自强，习主席这些话指引方向

　　"你，如同你的作品，无声无息，但蕴含巨大的威力。"这是2022 年 3 月 3 日，"感动中国 2021 年度人物"颁奖盛典上，写给彭士禄院士的颁奖辞。作为革命先烈彭湃之子，他积极响应党中央"核潜艇，一万年也要搞出来"的号召，率先投身核潜艇研制事业，担任总设计师。他吃着窝窝头，忍着胃穿孔带来的剧痛，用简陋的工具攻克了诸多技术难关，为我国第一艘核潜艇成功研

军营理论热点
怎么看
2022

彭士禄：为国铸造
核盾牌

制作出突出贡献。该艇 4.6 万个零部件全部自主研制，由此我国成为世界上第五个拥有核潜艇的国家，进一步打破了美苏等国的核垄断、核讹诈。国防科技创新事关民族尊严、国家安全，新中国成立后，我们相继搞出"两弹一星"、战略核潜艇、航空母舰、隐身飞机等一大批"国之重器"，奠定"有重要影响的大国"地位，靠的就是科技自立自强这一条。迈向世界一流的新征程上，我们要牢牢扭住国防科技自主创新这个战略基点，牢牢掌握国家安全的命门、现代化建设的命脉。

"人造太阳"刷新世界纪录、"冰光纤"问世、中国空间站天和核心舱成功发射、二氧化碳人工合成淀粉……这些重大科技突破鼓舞人心。提升国防科技创新能力和水平，必须紧跟科技强国建设进程，优化国防科技创新布局和环境条件，用好用足各方面优势力量和资源，以更大力度、更实举措加快科技自立自强。要盯住战略性、前沿性、颠覆性技术发展，

2021 年 12 月 9 日，"天宫课堂"第一课开讲，"太空教师"翟志刚、王亚平、叶光富带来了一堂精彩的太空科普课。中国科技的长足进步，在广大青少年心中种下科技自立自强的种子。图为学生们在中国科学技术馆听课

超前预置布局，强化军事应用，加紧在一些战略必争领域形成比较优势和非对称制衡能力，努力实现"弯道超车"、"换道超车"。

🏮 为什么要增强科技认知力、创新力、运用力？

意大利军事理论家杜黑说："胜利只向那些能预见战争特性变化的人微笑，而不是向那些等待变化发生才去适应的人微笑。"二战时期，德国为迫使英国投降，实施了进攻英国的"海狮计划"。行动初期，德军约有2700架作战飞机，而英军只有约1400架，德军占有近2∶1的优势。但英国敏锐把握科技发展趋势，率先部署运用雷达，建立起严密的雷达警戒系统，使得他们能够掌握德国空军的动向，指引英国空军进行精准拦截，最终以少敌众取得不列颠空战的胜利。英国首相丘吉尔曾在回忆录中写道："如果英国的科学在发展和应用电子对抗方面不能证实优于德国，则英国很可能被打败甚至于消灭。"进入信息时代，科技因素在战争制胜中的分量越来越重，科技从来没有像今天这样深刻影响国家安全和军事战略全局，从来没有像今天这样深刻影响我军建设发展。科技知识更新的频率越来越快，有研究表明，军事人员必须以每年6%—10%的速度更新知识，才能跟上军事科技发展的步伐。我们要以强烈的本领恐慌意识，主动学习前沿科技知识，培育科学思维，善于从技术变革视角去研究思考问题，促进能力素质迭代升级、持续提升。

2022年春节前夕，火箭军某旅一场发射演练激战正酣。令人惊喜的是，由一线官兵创造的"阵地快速启封法"、"发射车占领阵地灯带辅助法"、"气象数据自动处理软件"等投入使用，成为提升战斗力的"加油站"。现在，有一些人认为搞科技创新是专

某部紧贴实战展开科研攻关，在自主创新中打造战斗力新的增长点。图为科研人员进行数据测试分析作业

业机构、专业人员的事，基层官兵只需干好本职工作就行。事实上，基层官兵身处军事斗争准备最前沿、战斗力建设链条最末端，是各类武器装备的操作者、具体战法的应用者，也是开展科技创新最富活力、大有可为的群体。在实践中，很多部队开展群众性创新活动，一大批基层"创客"紧盯战场需求、紧贴部队实际，产生了很多"接地气"的发明创造，为军事科技创新提供了源源不断的动力活力。要充分挖掘基层创新"富矿"，鼓励官兵立足本职岗位大胆探索实践，营造鼓励创新、宽容失败的氛围，使官兵的创新智慧竞相迸发、创新活力充分涌流。

近年来，我军新装备列装的速度越来越快、型号越来越多、科技含量越来越高，但部分官兵对新装备"不愿用、不敢用、不会用"的现象仍不同程度地存在。从科技价值的实现过程看，如果说科技发明是"一次赋值"，那么科技运用就是"二次赋

（军营理论热点 怎么看 2022）

值"，能够最大限度地激活武器装备的作战效能。广大官兵要积极投身科技练兵，把新武器装备的科技含量转化为战斗力含量，把科技优势转化为能力优势、作战优势，推动部队战斗力建设实现新跨越。

要论选读

习近平：《加快建设科技强国，实现高水平科技自立自强》，《求是》2022年第9期。

相关阅读

《努力实现高水平科技自立自强》，《人民日报》2021年5月30日。

《坚持把科技自立自强作为战略支撑》，《解放军报》2021年5月29日。

12

兵民是胜利之本

——怎么看加快构建一体化国家战略体系和能力

为适应解放战争转入战略进攻后作战需要，1947年12月，毛泽东同志深刻总结我军作战经验，提出著名的十大军事原则，并断言，"以上这些，就是人民解放军打败蒋介石的主要的方法"。

1947年12月，党中央在陕北米脂杨家沟召开扩大会议，讨论通过了毛泽东同志的书面报告，其中总结了十大军事原则。图为油画《党的十二月会议》

当时，蒋介石虽了解我军的作战原则，并寻找对策破解，但最终仍逃脱不了战场失败的命运。问题出在哪里？毛泽东同志一语道破其中奥秘："这是因为我们的战略战术是建立在人民战争这个基础上的，任何反人民的军队都不能利用我们的战略战术。"军队打胜仗，人民是靠山。人民军队的根脉，深扎在人民的深厚大地；人民战争的伟力，来源于人民的伟大力量。打赢现代战争，必须进一步巩固和发展军政军民团结，统筹推进国防和军队建设与经济社会发展，构建一体化国家战略体系和能力，实现发展和安全兼顾、富国和强军统一。

🌱 为什么说要促进国防实力和经济实力同步提升？

《大国的兴衰》作者保罗·肯尼迪，在总结 1500 年到 2000 年间世界经济变迁与军事冲突经验教训后，得出一个重要结论：大国的兴衰取决于将不断增长的财富转变为军事力量，以及维持军事力量的努力是否会反过来损害财富。17 世纪，荷兰凭借着金融和商业制度的创新，一跃成为势力遍布全球的"海上马车夫"，但繁盛的商业贸易并没有转化为强大军事实力，最终将霸权拱手让于英国；冷战时期，苏联的军费开支长期占国民收入的 15%—22% 左右，虽然成为与美国匹敌的超级军事大国，但造成经济结构比例严重失调，是 20 世纪 80 年代末 90 年代初经济的全面崩溃的重要原因。历史的殷鉴不

《大国的兴衰：1500—2000 年的经济变迁与军事冲突》为美国耶鲁大学历史学教授保罗·肯尼迪的成名作，1987 年出版后引起世界广泛关注，先后被翻译成 20 多种语言。图为该书中译本

远。国防实力和经济实力，是一个国家整体国力不可或缺的重要组成部分。强国往往是经济和军事共同作用的结果，"犁"不行就有被"开除球籍"的危险，"剑"无锋就有可能亡国灭种。

雄厚的综合国力是建设强大军队的基本依托，为国防发展提供资金来源、物力保障、科技支撑和人力资源，只有国家经济实力增强了，国防实力才能有更大发展。恩格斯说："一些统帅在战争中获得成功，关键在于能够比别人更快更深刻地觉察到，生产的发展和社会关系的变化给军事领域带来的新的可能性，并善于及时转化为战斗力。"脑科学被科学家视为当代科技"皇冠上的明珠"，也是国家之间科技竞争的战略高地。一些国家将这项技术运用于军事人员，试图打造高度智能的"超级战士"、永不疲惫的"无眠战士"、夺控思维的"意念战士"。现代科技发展日新月异，生物技术、新材料技术、新能源技术等正在创造新产业新业态，广泛渗透到几乎所有领域，也为军事领域的创新创造带来了"新的可能性"。全面建成世界一流军队，必须深深植根于国家经济社会发展体系，同建设制造强国、航天强国、海洋强国、网络强国一体联动，充分利用社会优质资源和先进成果，把强军事业不断推向前进。

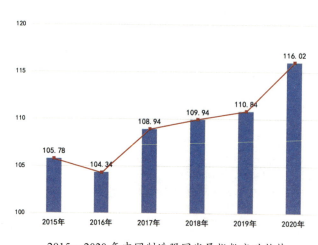

2015—2020 年中国制造强国发展指数变动趋势

国防实力是经济发展的前提，国家的军事实力不强，其安全就会受到威胁，经济发展就如同"沙上建塔"，取得的成果也可能毁于一旦。2022 年，央视春晚舞蹈节目《只此青绿》，使王希孟唯一传世之作《千里江山图》成为热议话题，让人们对山河锦绣、繁盛一时的宋朝印象深刻。然而也正是这个王朝，给后人留下了"靖康耻"、"臣子恨"的千古喟叹。这一局面的形成，很大程度上在于宋朝统治者实施崇文抑武的方针，导致"国虽富而军不强"。

《千里江山图》以概括精练的手法、绚丽的色彩和工细的笔致表现出祖国山河的雄伟壮观，一向被视为宋代青绿山水中的巨制杰构

新中国成立后，我们之所以能够真正站稳脚跟，一个重要原因是靠抗美援朝打出了国威军威。当前，我国稳居世界第二大经济体，但国防实力同我国国际地位、国家安全战略需求还不相适应，只有把军事这一手搞得更过硬、更托底，筑牢国家安全堤坝，才能为伟大梦想的实现提供有力支撑。

🌱 如何理解国家战略竞争力、社会生产力、军队战斗力的耦合关联越来越紧？

史上最严制裁！2022 年 5 月 8 日，俄罗斯国家杜马主席沃洛金在社交媒体发布图片显示，2014 年以来俄罗斯受到美国及其盟友共计 10128 项制裁，其中乌克兰危机后 7374 项。这些制裁遍及金融、贸易、科技、能源、舆论、文化、运输等各个领域，

其中将部分俄罗斯银行"踢出"环球银行间金融电信协会系统最具杀伤力，堪称发起了一场"金融核战争"。俄罗斯则是成立反制裁总部，采取公布不友好国家和地区名单、用卢布结算天然气等措施进行反制。这些"没有硝烟的搏杀"深刻揭示，现代战争早已突破传统军事领域，向政治、经济、外交、科技、金融等领域延伸，成为国家总体实力之战。谁能够最大限度实现国家各方面战略能力的系统整合，谁就能够增加打赢战争的胜算。

> **知识链接**
>
> ## 环球银行间金融电信协会
>
> 　　环球银行间金融电信协会（英文简称SWIFT），创建于1973年，总部设在比利时首都布鲁塞尔，主要职能是在全球银行系统之间传递结算信息。不同国家的金融机构通过SWIFT国际结算系统与同业交换电文来完成跨境金融交易。目前全球有超过1.1万家成员通过SWIFT代码与SWIFT国际结算系统对接，形成了标准化的互通。SWIFT国际结算系统覆盖的国家地区成员、金融机构数量以及数据量，短期内难以被其他双边或多边结算体系替代。

　　2022年，在军地有关部门和单位密切协作下，第三届"锦囊"未来战争概念与场景创意征集行动成功举办。未来技术是什么样子？未来战争是什么样子？未来部队是什么样子？围绕这些"未来之问"，许多科研工作者和军事爱好者踊跃参与、大胆创新。这项创意征集行动，是挖掘社会中军事智慧资源的一种积极探索，产生了一大批优秀的军事创想。当前，在新一轮科技革命、产业革命、军事革命的推动下，国家战略竞争力、社会生产力、军队战斗力的耦合关联越来越紧，国防经济和社会经济、军用技术和民用技术的融合度越来越深。立足经济社会发展和科技进步的深厚土壤，军队建设就能获得强大科技支撑，在激烈的战略竞争和军事竞争中抢占制高点。

经过长期发展，我国经济实力、科技实力大幅提升，一些重要科技领域跻身世界先进行列，某些领域正由"跟跑者"向"并跑者"、"领跑者"转变，正处于从量的积累向质的飞跃、点的突破向系统能力提升的重要时期。我们要顺势而为、乘势而上，从顶层上加强战略筹划，军队要遵循国防经济规律和战斗力建设规律，坚持发展战略和建设规划与国家战略布局协调衔接；地方要注重在经济建设中贯彻国防需求，自觉把经济布局调整同国防布局完善有机结合起来。要推动重点区域、重点领域、新兴领域协调发展，优化国防科技工业布局，加速技术、人才、服务、资本、设施等资源要素双向流动和高效配置，实现一份投入、多重产出，切实为军队战斗力提供强大支撑、为社会生产力提供强大引擎、为国家战略竞争力提供强大动能。

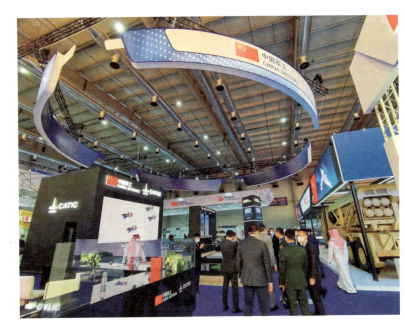

2022 年 3 月 6 日，沙特世界防务展在首都利雅得开幕。中国国家国防科技工业局组织 8 家公司以"中国军工"展团精彩亮相

🌱 为什么说我们的国防是全民国防？

　　贵州刺梨汁、湖南毛家贡菜脆椒、重庆桃片、青海牦牛肉干……2022 年春节，许多驻守边关海岛的官兵收到了来自家乡的"好味道"。全国双拥办连续第二年组织"情系边海防官兵"春节专项慰问活动，170 个双拥模范城（县）积极响应，10 余万名干部群众踊跃参与，通过写慰问信、绘手工画、编平安结等方式，给边海防官兵送去新春祝福。全国各地积极开展拥军优属"六送"活动，帮助解决边海防官兵家庭的老人就医、子女入学、家属就业等实际问题 2 万余项。一位从事退役军人事务的同志赞叹："如此大规模的专项慰问活动，真像当年万众一心齐支前！"

　　在中国人民革命军事博物馆里，收藏着一根刻有"抗美援朝生产捐献集金筒"字样的旧竹筒，它的主人是湖南湘潭一位叫谭楚云的老工人，当时已经 76 岁，每月收入微薄，但他每天用工

新时代铸就双拥新辉煌

左图为海拔 5300 米的高原驻训点，官兵收到中小学师生寄来的慰问信与贺卡。右图为南海永暑礁守礁官兵收到来自各地的慰问品

余时间担水卖钱，把挣的钱放进一个自制的竹筒一点点存起来，全部捐献给志愿军购买武器。当年，像谭楚云这样的人，又何止千万。从 1951 年 6 月至 1952 年 5 月不到一年的时间里，全国就收到捐款 55650 亿余元（旧币），可购买 3710 架飞机。"军民团结如一人，试看天下谁能敌。"我军从创建之日起，就一直深深地扎根于人民之中，始终全心全意为人民服务，始终保持与人民的血肉联系，赢得了人民的信任和爱戴，获得了巨大动员力、强大凝聚力和无穷战斗力。坚如磐石的军政军民团结，永远是我们战胜一切艰难险阻、不断从胜利走向胜利的

谭楚云把卖水的钱存入竹筒，为购买武器作贡献

重要法宝。未来无论是应急还是应战，我们都要坚持动员人民、依靠人民，凝聚众志成城、保卫祖国的强大意志力量，这样才能遏制战争、打赢战争，筑牢中华民族伟大复兴的安全和发展之基。

天下虽安，忘战必危。每年 9 月的第三个星期六，是全民国防教育日，迄今已历经 20 多个春秋。2021 年全民国防教育日期间，由上海市国防教育办公室与哔哩哔哩弹幕网联合打造的"魔都奇兵"系列国防教育宣传片全面上线，"我又去当兵了"、"歼击机女飞行员的浪漫夜航"、"这是我今年最牛的视频"等视频的浏览量、弹幕数，均迅速占据哔哩哔哩实时榜单前列，并成为多

2022 年全国征兵
公益宣传片发布

新时代青年踊跃参军报国

个社交平台热搜话题。近年来，广大适龄青年参军报国热情持续高涨，从 2015 年 80 万，2017 年 107.8 万，到 2021 年 122 万，大学生应征报名数据不断攀升。"到军营去！燃放青春，释放能量"，成为越来越多有志青年的选择。他们立志在军营大熔炉里淬炼成钢，汇聚起保卫祖国的强大力量。

● 要论选读

习近平：《在纪念中国人民志愿军抗美援朝出国作战 70 周年大会上的讲话》，《论中国共产党历史》，中央文献出版社 2021 年版。

● 相关阅读

《新时代的中国国防》，人民出版社 2019 年版。

13

让强军动能燃起来

——怎么看增强军事职业吸引力和军人使命感荣誉感

英雄模范闪耀强军征途，崇高荣誉激励军心士气。经中央军委主席习近平批准，在中国人民解放军建军95周年之际，中央军委评选颁授"八一勋章"。"八一勋章"是由中央军委决定、中央军委主席签发证书并颁授的军队最高荣誉，一般每5年授予一次，彰显我党我军对功勋将士的高度褒扬和崇敬。从提出"增

"八一勋章"授予在维护国家主权、安全、发展利益，推进国防和军队现代化建设中，作出巨大贡献，建立卓越功勋，在全国、全军有深远影响的军队人员。图为"八一勋章"式样

强军事职业吸引力和军人使命感荣誉感",到军人荣誉体系建设,再到出台维护军人军属合法权益、军人家庭福利待遇升级调整等一系列举措,尊崇军人、致敬英模已经成为社会风尚,极大地激发了全军官兵岗位建功、奋斗强军的强大正能量。

🍄 我军功勋荣誉表彰体系有哪些新设计?

荣誉是军人的第二生命。2022年春节期间,党中央、国务院、中央军委印发《军队功勋荣誉表彰条例》的重磅消息,让全军官兵倍感鼓舞激励。《条例》全面重塑军队功勋荣誉表彰体系,按照坚持把牢方向、聚焦备战打仗、加强体系设计、强化激励效应、坚持守正创新的原则,从法规位阶、类别项目、规范内容、证章体系上整体重构、体系创新,富有新时代特色、符合新体制特点、体现新使命要求。

某部官兵在年度颁奖仪式后分享获奖体会

新时代军队勋章奖章纪念章式样

沙场百战行功赏,三军浴血慨而慷。汉朝名将霍去病17岁初次出战,仅率800人深入敌纵深数百里,杀得匈奴四散逃窜,俘虏单于叔叔,因功获封"冠军侯",22岁漠北之战更是"封狼居胥"。战功是对军人的最高褒奖,奖为战是我党我军功勋荣誉表彰的根本指向。从红军时期的红旗勋章、红星奖章,到解放战争波澜壮阔的立功运动，从抗美援朝广泛开展杀敌立功运动，到历次边境自卫反击作战"快评快批快宣传"英雄功绩，有效激发官兵舍生忘死、浴血奋战、爱军精武的热血豪情。这次制定《条例》及配套实施办法，把"坚持服务中心，聚焦备战打仗"作为重要原则，突出"战时"，将实施情形拓展为战时、平时和重大非战

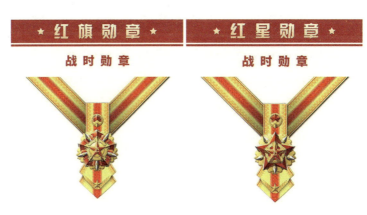

图为"红旗勋章"、"红星勋章"式样

争军事行动，并适应战时节奏简化程序、快评快奖；突出"战功"，传承红色基因，新设"红旗勋章"、"红星勋章"，设立特级、一级、二级战时荣誉称号和一、二、三、四等战功，实现高功重奖、战功厚待；突出"战将"，充分考虑指挥员的重要作用，加大褒奖力度。这些进一步立起了为战、务战、励战导向，使军人荣誉回归打仗本真，全军将士自觉追求沙场建功。

奖一励百，贵在精细。1935年5月29日，红四团飞夺泸定桥，4天后中革军委向全军作了通报，给红四团颁发奖旗，并为22名突击队员和黄开湘团长、杨成武政委颁发奖品：每人1套印有"中革军委奖"字样的列宁服、1支钢笔、1个日记本、1个搪瓷碗、1双筷子。这是奖当其人、奖当其绩、奖当其时、奖出其效的典范。新体制下我军专业分工更加精细，对标准化、规范化、精细化管理要求更高。这次制定《条例》及配套实施办法，贯彻体现

精准精细施奖要求，针对不同类型任务、不同状态部队、不同岗位人员特点，细化功勋荣誉表彰情形类别、标准条件、荣誉标识等，战时区分指挥作战、参加战斗、支援保障，平时区分战备训练、教育管理、国防科技、服务保障，并规范奖励时机、改进奖励程序，着力构建科学化项目体系、走开精准化施奖路子、完善一体化待遇政策，充分发挥功勋荣誉表彰的激励效应。

克劳塞维茨说过："在一切高尚的感情中，荣誉心是人的最高尚感情之一，是战争中使军队获得灵魂的生命力。"2020年12月，《立功受奖军人家庭送喜报工作办法》印发，各地广泛开展送喜报活动，震天的锣鼓，热烈的掌声，让军属们脸上洋溢着自豪和骄傲，彰显了尊崇礼遇。体系增加军人荣誉激励"含金量"，用仪式和宣扬激发官兵荣誉心，军人荣誉的名片就会熠熠生辉。这次制定《条例》及配套实施办法，坚持精神激励为主、注重物质

"立功喜报送家门"活动

激励并举，充实完善功勋荣誉表彰待遇，创新设计证章证书，明确军队建立功勋荣誉场馆、设立功勋荣誉簿，军地单位按规定开展寄送喜报、宣传报道、走访慰问、医疗疗养、解难帮困等活动，使待遇内容更加全面，军地衔接更为顺畅，有力增强了军队功臣模范的荣誉感。

🪧 新时代卫国戍边英雄群体受到全社会尊崇说明了什么？

2022年清明节，福建屏南革命烈士陵园，新时代卫国戍边英雄陈祥榕遗像前，摆满了桔子和鲜花，一张卡片上的话让人瞬间破防：桔子哥哥，吃桔子，甜甜的。陈祥榕将最好的青春、最清澈的爱留在了雪域高原，也将最清澈的爱国心、最纯粹的初心传递给了我们。因疫情原因集体祭扫活动取消，但数百万网友在中华英烈网"2022奋进·网上祭英烈"专题网页，向陈红军、陈祥榕、肖思远、王焯冉等新时代卫国戍边英雄鞠躬献花、默哀缅怀。"山河已无恙，英雄请安息"、"只要我们还记得，英雄就永远活着"……一条条滚烫的留言，表达着对英雄的崇高敬意和无限哀思，折射出民族的精神标杆深入人心、凝聚人心。

"您好，我们受北京市人民政府天安门地区管理委员会的委托，现在将这面2021年8月1日在天安门广场升起的国旗交给部队！"跨越5000多公里，中央广播电视总台记者把一面特殊的国旗送上喀喇昆仑高原。在"大好河山、寸土不让"8个大字映衬下，五星红旗格外鲜艳，边防官兵们发出"边防有我在，祖

边防官兵在喀喇昆仑山谷庄严宣誓

国请放心"的铮铮誓言。打江山、守江山，守的是人民的心，千千万万的军人铸起了国家安全、百姓安康的坚强盾牌。英雄是民族最闪亮的坐标，新时代是需要英雄并一定能够产生英雄的时代。"献身国防科技事业杰出科学家"林俊德，"逐梦海天的强军先锋"张超，"你退后，让我来"的"排雷英雄战士"杜富国，以及坚守奉献在各条战线、各个岗位的新时代革命军人，都是中华民族的脊梁，他们的事迹和精神都是激励我们前行的强大力量。

跨越5000多公里！总台记者把天安门广场国旗送到喀喇昆仑！

崇尚英雄才会产生英雄，争做英雄才能英雄辈出。"血沃中华的先烈，人民不会忘记；魂壮千秋的英雄，人民牢记在心里……"一曲感人至深的《人民不会忘记》，道出了人民对英雄的由衷敬仰。卫国戍边英雄肖思远的英雄事迹，激励着他家乡的年轻人，出现了争相入伍的热潮，反映出尊崇军人的社会共识更加强化，军人地位的认可度不断提升。但同时要看到，近年来一些虚化、矮化、丑化英雄的论调甚嚣尘上、蛊惑人心，有的披着"学术研究"的外衣、打着"还原历史"的噱头抹黑英雄，甚至为博出名在烈士陵园做出恶劣行径。对此，我们必须旗帜鲜明批判各种"解构英雄"的历史虚无主义，让"天地英雄气"成为充盈全社会的正能量，激励广大官兵创造新的业绩、书写新的荣光。

🎗 为什么说官兵越来越有获得感？

2021 年底，一份惠军利兵的年度"成绩单"刷爆网络：《中华人民共和国兵役法》、《中华人民共和国军人地位和权益保障法》两部事关军人的重要法律，以《现役军官管理暂行条例》为基础法规的新的军官制度体系，军人父母赡养补助和配偶荣誉金，还有一系列涉及医疗、住房、子女教育、家庭福利，以及看望慰问和救济的政策举措。广大官兵纷纷点赞："这些兼顾军人'面子'和'里子'的暖心事，让我们越干越有盼头了。"官兵获得感，既包括福利待遇等物质方面，也包括使命价值、职业认同等精神方面，这些"满屏"的获得感能够更好激发官兵的主动性创造性，激活蕴含的胜战潜力。

2022 年 1 月，在联勤保障部队某医院，驻闽某部一名军士的父亲通过军属诊疗专用绿色通道，在护士全程引导下，不但很快完成各项检查、住进军属专属病房，而且还减免了相关费用。从该月起，《军人及军队相关人员医疗待遇保障暂行规定》正式施行，实现军人配偶免费医疗，军官、军士的父母和配偶父母优惠医疗，有网友这样评价："军人军属医疗保障从

2.0 版本升级到 4.0 版本，让官兵体会到真切幸福。"2022 年 3 月底，驻京某部一名军官惊喜地发现工资单上补发了一笔钱。原来，根

据中央军委政治工作部、后勤保障部印发的《关于调整军队人员子女保育教育工作有关经费保障制度的通知》，提高保教费标准，从 2021 年 9 月 1 日起算。近年来，这样的暖人心、聚兵心的好政策还有不少，有力解决了牵扯官兵精力的"后院"、"后代"等问题，不断增强了官兵的使命感、获得感、荣誉感。

陆军第 79 集团军某旅装步五连荣誉室内，官兵整齐列队，下士弨峰宇被任命为"王德新班"第 36 任班长，同时成为集团军士

入选士兵骨干人才库的专业骨干们在切磋技艺

兵骨干人才库中的一员。该集团军为他量身打造"成长路线图"，经过专业集训、擂台比武等淬火，弨峰宇和战友走上"国际军事比赛—2020"的舞台，取得优异成绩。对广大官兵来说，在强军征途上真打实练、岗位建功、体现自身价值，实现部队发展和个人圆梦同频共振，就是最大的获得感。

🚩 我们怎样才能奋进新征程、建功新时代？

"只吹冲锋号，不打退堂鼓"，是空降兵某旅"上甘岭特功八连"的精神象征。一次，八连受领某高风险空投任务，面对复杂气候和全新机型带来的挑战，官兵纷纷主动请缨，要求承担试训试跳任务。经过全连上下齐心努力，成功攻克各类难题，圆满

完成任务。奋斗是青春最亮丽的底色，行动是青年最有效的磨砺。现在，我们已经开启了全面建设社会主义现代化国家、向第二个百年奋斗目标进军新征程。作为新时代革命军人，要脚踏实地投身强军兴军的伟大实践，在青春的赛道上奋力奔跑，在强军的征程中留下无悔足迹。

锻铸忠诚达到新标高。2021年电视剧《功勋》热播，开篇单元剧《能文能武李延年》，将指导员李延年英勇善战、文武双全的形象展现得淋漓尽致。鲜为人知的是，已经在北京安家的李延年，1961年接到驻防湖南、广西的命令后，没有丝毫犹豫，立即带着全家奔赴当地。在他看来，对党绝对忠诚就要绝对服从命令。穿越硝烟战火，走向复兴图强，不变的军魂点亮理想之灯、发出信念之光，把千千万万官兵铸铁成钢，汇聚起听党指挥、奋勇前进的强大力量。广大官兵要始终牢记初心使命，从内心深处厚植对党的信赖、对中国特色社会主义

李延年，1928年11月出生，先后参加过解放战争、抗美援朝战争、边境自卫作战等，多次荣立战功。2019年9月，荣获"共和国勋章"。图为李延年在广西革命纪念馆为武警部队官兵作现场讲解

的信心、对马克思主义的信仰，矢志不渝听党话、跟党走，确保绝对忠诚、绝对纯洁、绝对可靠，确保枪杆子永远听党指挥。

备战打仗练强真本领。"'双料王'一定有'料'！"先后斩获"金头盔"、"金飞镖"殊荣的空军航空兵某旅"杜凤瑞大队"大队长邱麟辉，被身边战友纷纷夸赞。一次任务中，邱麟辉和战友驾驶

飞机冒雨升空，面对咄咄逼人的外国军机，他们实施连续机动，做好战斗准备，当时距离十分之近，甚至能清楚地看到对方的头盔。占据有利位置后，邱麟辉随即进行空中喊话，迫使对方调离航向、飞离空域。2021年7月31日，中央宣传部、中央军委政治工作部联合发布12位"最美新时代革命军人"，邱麟辉就是其中之一。广大官兵要始终把备战打仗作为根本职责，坚持把岗位当战位、把平时当战时，争分夺秒、真打实备，锻造能打仗、打胜仗的过硬刀锋，在攻坚克难中扛起强军打赢时代重任。

"红一连"集体一等功授牌仪式

奋斗实干立起好样子。2022年年初，陆军第83集团军某旅"红一连"集体一等功授牌仪式在训练场隆重举行。"阔步奋斗强军新征程，建功转型发展新时代，你们准备好了吗？""时刻准备着，时刻准备着！""红一连"全体官兵回答斩钉截铁、铿锵有力。广大官兵要传承弘扬我党我军光荣传统和优良作风，接过艰苦奋斗的接力棒，抵御"躺平"、"内卷"等社会不良心态侵蚀影响。要严守纪律规矩，注重陶冶道德情操，恪守纯洁交往的原则底线，防止内部关系庸俗、网络歪风潜行、侵犯士兵权益、违规乱拉关系等问题。现在部队建设发展任务繁重，必须始终发扬担当和斗争精神，在机遇面前主动出击，在困难面前迎难而上，在风险面前积极应对，始终保持奋斗奋进的昂扬状态，书写不负韶华、不负时代、不负人民的精彩华章。

● 要论选读

习近平：《在"七一勋章"颁授仪式上的讲话》，人民出版社2021年版。

习近平：《在庆祝中国共产主义青年团成立100周年大会上的讲话》，人民出版社2022年版。

● 相关阅读

《充分发挥军队功勋荣誉表彰的精神引领、典型示范、价值导向作用——中央军委政治工作部领导就〈军队功勋荣誉表彰条例〉答记者问》，《人民日报》2022年2月9日。

后 记

　　本书主要依托习近平强军思想研究中心完成，参与统稿的有：熊杏林、俞红、潘舰萍、曹二刚、龙心刚，参加初稿撰写的有：周俊杰、申伟、董俊林、杨威、张铮、刘万侠、王晓榕、薛萍、褚当阳、高利平、申红心、刘峰、陈东恒、赵卓、张立、陈聪、徐能武、刘扬钺、徐学文、朱玮、李新安、郑昆鹏、高萍、王凡、王鹏、高杨予兮、杨阳、任学丽、肖军、高攀、印言蹊、刘小薇、胡杨、张建军、刘江、易重华等，陈嘉康、刘浏、程达王等参与本书资料收集整理工作。

　　军委联合参谋部、后勤保障部、装备发展部、训练管理部、国防动员部、纪律检查委员会办公厅，军委政法委员会、科学技术委员会、战略规划办公室、改革和编制办公室、国际军事合作办公室综合局，各战区、各军兵种、军事科学院、国防大学、国防科技大学、武警部队政治工作部门宣传部门等帮助审稿。

　　杨明、沈志华、满开宏、苗润奇、夏国东、王祖来、李峻、刘轶等领导和专家，陆军"红一连"、空军"强军先锋飞行大队"、火箭军"导弹发射先锋营"官兵提出了宝贵意见。

编　者

2022 年 7 月

图书在版编目（CIP）数据

军营理论热点怎么看·2022 / 中央军委政治工作部宣传局编.
— 北京：解放军出版社，2022.8
ISBN 978-7-5065-7209-5

Ⅰ.①军…　Ⅱ.①中…　Ⅲ.①军队—思想政治教育—中国
—学习参考资料　Ⅳ.①E221

中国版本图书馆CIP数据核字（2022）第142668号

书　　　名：军营理论热点怎么看·2022

编　　　者：中央军委政治工作部宣传局
责任编辑：季　宁
封面设计：熊　建
出版发行：解放军出版社
社　　　址：北京市西城区地安门西大街 40 号　邮编：100035
电　　　话：（010）55454850
E-mail ：jfjcbs@126.com
印　　　刷：东港股份有限公司
开　　　本：720 毫米 ×1020 毫米　1/16
字　　　数：108 千字
印　　　张：9.25
版　　　次：2022 年 8 月第 1 版
印　　　次：2022 年 8 月（北京）第 1 次印刷
书　　　号：ISBN 978-7-5065-7209-5
定　　　价：21.00 元

（如有印刷、装订错误，请寄本社发行部调换）

本书使用的个别图片来自网络，由于渠道所限，无法找到作者本人。如相关作者看到此书，
请与我社联系，具体接洽相关版权事宜。